Karl Knarre · Offizierbelehrung

D1723720

Offizierbelehrung

Praktische Winke aus dem
SAGASCHATZ der FALLSCHIRMJÄGER
(aufgezeichnet durch Karl Knarre)

ISBN 3-921528-47-X
Satz und Druck: Köllen Druck, Bonn

Inhalt

ECKERT

Vorrede an den gutwilligen
Läser.

ES ist vor der zeit nie keiner geboren/oder an tag kommen / der menniglichen vnd einem jeden seines gefallens / besonder in allen sachen/ hette können oder mögen recht thun / auch der jemals on tadel/ fehl vnd mangel/erfunden were worden/ Gleicher gestalt wirdt es fürthin einem jeden recht zu thun nimmermehr müglich zu verbringen seyn/zc.

So ich dem aber weiter nachgedacht/wie vor zeiten bey den Alten hoch vnd mehr verstendigen die übung vnd erfahrenheit als ein sonderlich ehr vñ tugend gerühmpt / hergegen die vnübung oder müssiggang als ein Laster gescheuwet/ auß welchem dañ ist zu schliessen/daß in disem fall nie nichts on ein anfang/für recht/gut oder wol zu halten noch geschätzt ist worden.

Demnach ich aber auß sonderer anmutung zu den jetztwärenden verstendigen Kriegßsachen/ Gericht vnd Rechtshandlungen/in übung / dieselbigen grober einfeltiger schlechter Form / in willen vnd meinung allein für mich/an die hand genommen/welcher art/ sitten/ halten oder herkommen sich zum theil vnder vnd bey regierung deß aller durchleuchtigsten / Großmächtigsten Keysers Caroli deß fünfften/ hochlöblichsten gedechtnuß verloffen/ bey welchem ich mich auch diß orts ein zeitlang erhalten vnd gebrauchen lassen/vñ mir an vilen orten solchs vor andern mit embsigem besonderm fleiß gar eben war genomen/also dieses gering Wercklein anfengklich in die Feder zu begreiffen/ vnd es oder solches bey mir behalten oder berufwen lassen/ So haben es aber nach dem vil ehrlicher hochs vñ niders standts bey mir erkündigt/mich auch darum abschrifftlich zum offtermal ersucht/ Ich solt oder wölt es doch mennigklich zu nutz / lust vnd kurtzweil / in Druck verfertigen/fürnemlich darumb/ ob was nützers andern hierauß erschiessen oder geschepfft möcht werden/dieweil dann alle ding vnverbesserlicher nicht für gut geschetzt mag werden/welchs auch der Weißmann bezeuget/vnd spricht:Gib dem Weisen vrsach so wirdt er noch weiser.

Wiewol

Vorrede.

Wiewol mir solchem begeren bey dieser geschwinden Welt oder läuffen nachzusetzen vnd in gemein zu eröffnen was beschwerlichen gewesen / aber doch dem vrtheil ermeldter hochverstendigen mehr dann meinem gutbeduncken vertrawt / vnd es dar auff an tag geben. Darmit aber auch nicht jemands zu sagen oder zu gedencken möcht haben / warumb ich / als ein geringverstendiger / mich vnderstünde von Kriegß Bese̅ / Staht vnd ämptern zu schreiben / ab welchem dann vor diser zeyt die aller fürtrefflichsten ein abscheuwen gehabt / haben sich selbs villeicht in dem oder dergleichen zu gering darzu geschätzt / oder ist vmb ander vrsachen / welche mir verborgen / vnderlassen worden.

So hab ich doch zwar solches mein vorhaben zu anfang keins wegs hochmütig oder verächtlicher weiß zu beschreiben für mich genome̅ / sonder / wie gehört / meinem einfeltigen verstand nach / welches ich dañ leyder wenig gnug erfahren vñ gesehen / auch dazu bescheiden bin worden / von diesen sachen dem einfeltigen neben mir zu einem Memorial oder gedechtnuß offenbaren wöllen / vnd daneben tröstlicher hoffnung gewesen / Ich würde hie durch andern / die mir in dem vnd dergleichen weit vberlegen / ein vrsach solches besser vnd weiter außzuführen geben haben.

Nach dem nun aber solches Buch / ist es anderst deß namens wehrt / bey mennigklichen was begier vnd annemlichen gewesen / vnd es darzu in viel tausent Exemplar außgebreit worde̅ / so hab ichs von vornen an biß zu end durchauß wider vbersehen / vnd an etlichen örten viel guter Befelch / vñ was nottürfftigers / hinzu gethan / neben andere̅ fünff Büchern erstatt / gebessert vnd gemehret / welches dann vor nit darbey oder an tag kommen / auch solches alles zusamen in ein Werck oder Buch gebracht. Damit es aber auch nicht gar zu lang oder verdrießlichen zu lesen würde / so hab ich von anderem etwas wenig fallen lassen / wiewol solcher gehabten mühe / fleiß vnd arbeyt / nit vberal von den Weltweisen Klügling zu dem freundtlichsten gedacht / welcher art vñ sitten one das gesinnet alle ding mehr zu tadlen vnd schelten dann zu loben vnd bessern begeren / auch wol bißweilen zu sagen pflegen / ob man auß oder mit den Büchern müste kriegen / fechten / balgen / schlagen / vnd anderß dergleichen mehr / lehrnen / ꝛc.

Solchen wil ich vorher gar einfeltig geantwort haben / wie das solches Buch keins wegs darumb fürgenommen oder angefangen

8

zuverzeichnen worden/ dann so wenig ein Buch in einer Kirchen/ auff einer Cantzel oder anderstwo/für sich selbs wirt singen/lesen oder predigen können/oder ein Fechter on ein Gewehr vnd Gegenman kan gelobt/gleicher gestalt ein Kriegkzmann zu Rossz oder Fuß/ mit Spieß/ Büchssen/Harnisch vnd Gewehr versehen/zu dem Feind sich schicken/ rüsten vnd vnder Augen ziehen vnd nahen/ muß auch darneben vbel essen vnd trincken gewonen/auch hart zu liegen/frost/ hitz/kälte/raiff/ nebel/Windt/Schnee vnd Regen/zu tag vnd nacht gewarten vnd bestahn/die eysen Mücken bißweilen neben der Kälberhaut vmb die Ohren her hören singen/also muß es vnder handen genommen / vnd wie man spricht:Einer dem Jarmarck oder der Kirbmeß nach/Kram oder Landsknecht erkennen lehrnen/ wann solches etlich Jar lang versucht vnd getrieben/ so darff demnach einer wol nicht halb sovil/ als hierinn begriffen/gewahr werden.

Nach dem ich dann nun weiter raum vnd platz bekomen/ wie dañ ein jeder anderen zu einem Exempel/ für müssigang etwas zu arbeyten schüldig/ darbey sein zu dem besten gedacht/ vnd nicht wie das wild vnvernünfftig Vieh/ sein leben allein hie mit essen vnd trincken zubring/ welcher werck vnd Leben mit frieden bey dem Grab zugescharret vnd vergessen/Vnd demnach ich zu vollführung solches wercks/so hab ichs zu einer weitern eynleitung an tag zugeben nit vnderlassen wöllen/ ꝛc.

Was aber hie nachfolgend dem Buchstaben nach/oder sonst/nicht wol/ wie es dañ sein solt/mit Form/ zierlichen worten außgeführt oder gesetzet worden/solches mehr meinem wolmeynen/dann dem schreiben erfahrenheit oder verstand nach zumessen/ vnd hoffe doch darneben/ solches Werck wirdt nicht vberal gar vergeblich/ sonder auch etlichen lust vnd kurtzweil weiters zu lesen machen/thue mich hiemit/welchen es fürkompt / vnd es besser zu machen wissen/ sampt allen vnd jeden Befehlen/ wöll auch mennigklich diß mein arbeyt/ vngeendert oder gebessert/lassen also beruwen/ Hat aber jemands weiters oder bessers vor jm/ der mache ein eigen theil oder Buch für sich selbs / ꝛc.

Kurtzer

Leonhart Fronsperger
Burger zu Ulm
Kriegßbuch, 1565

Freundschaftswoche

„Im Bündnis wirken Streitkräfte unterschiedlicher Nationalität, Sprache und Mentalität zusammen... Die Wirksamkeit gemeinsamen Kampfes hängt vom Grad der Zusammenarbeit und der Fähigkeit ab, sich auf die Eigenarten der Verbündeten einzustellen". (HDv 100/100, „Führung im Gefecht")

Freundschaftswoche im Bündnis 1960! Erste Klopfkontakte, kordiale, in gemeinsamer Garnison. Ernste Belehrungen, Ermahnungen, – stramme Vergatterung aller Beteiligten! „Vin d'honneur" bei den Franzosen, „Barbecue" bei den Amerikanern. Dann haben die deutschen Kommandeure bescheiden zu einem „Schwäbischen Vesper" in den Speisesaal gebeten....

Der amerikanische Colonel Freshman berichtet in durchaus verständlichem Englisch von der Offizierhochschule Westpoint, Oberstleutnant Sturmböck, Kommandeur des Panzerbataillons, von der Führungsakademie. Der französische Regimentskommandeur, un homme de guerre et de visage plissée, weiß Wunderliches von Indochina, der „Legion" und seinen „deutschen Jungs" zu erzählen. Er hat von dem „Regiment Etranger Parachutiste" eine Handvoll Offiziere mitgebracht.

Und Szoulce, der Fallschirmjägerkommandeur, baut gerade die Front von Cassino auf – mit Bierkrug, Filz und Fantasie. „...und hier in dieser Höhle gegenüber dem „Excelsior –", er kippt den leeren Bierkrug um, schüttelt die Zahnstocher hinein; ihre Anwesenheit hat ihn schon die ganze Zeit als „unangemessen rustikal" beleidigt, „Und in dieser Höhle da, konnten sich über hundert von uns beim Bombenhagel bergen...."

„Bombenhagel", – klagt Hugo Kavenzmann, der katholische Standortpfarrer, „Bombenhagel, – und Papst Innocenz II. hat auf dem Conzil von 1319 sogar den Gebrauch der Armbrust ‚adversus Christianos et Catholicos', gegen praktizierende Katholiken, ausdrücklich verboten."

Da werden die Saaltüren weit geöffnet. Regierungsoberinspektor Wammerl will endlich den Spielmannszug der Fallschirmjäger vorführen! Er hat ihn persönlich dressiert. Feldwebel Plempe, der Spielmannszugführer, reißt sich zusammen. Eine stattliche Erscheinung. Noch nicht so gewichtig wie der Oberinspektor, der ja im Infanterieregiment 13 zu Ludwigsburg schon als Oberschütze Unteroffizieranwärter war.

„Das Spiel, ... über!"
Die Rechte schnellt nach oben. Plempe, der Feldwebel, ist hier zu exzellenten Leistungen verpflichtet. „... und von einem preußischen Tambour", so hat ihn Oberstleutnant Szoulce belehrt," von einem preußischen Tambour wurde erwartet, daß er in der Lage war, seinen Stock beim Durchzug durch das Brandenburger Tor mit solcher Kraft über das Tor zu werfen, daß Zeit blieb, sich Obst zu kaufen, bevor er den Stab auf der anderen Seite wieder auffing!" Steil sticht der Tambour den Stab in die Luft. Eine große Bewegung. Die Spielleute reißen Hörner und Querpfeifen hoch, versorgen den Blasebalg mit einer „Kampfbeladung Luft". Die Trommelschlegel sind auf das Kalbfell gezückt, zum Wirbeln bereit....

Mit dem ganzen Schmettern und Drummen, dem Rasseln und Gellen oberschwäbischer Heimatfeste und mit Johann Gottfried Piefke melden sie sich zur Stelle....

„Piefke", erklärt Szoulce seinem Franzosen, „Piefke, der 1864 zum Sturm auf die ‚Düppeler Schanzen' den ‚Yorkschen Marsch' von Beethoven mit blankem Säbel dirigierte..."

„Das ist der alte Heldentritt
Das ist der Schwaben Schlachtenschritt
Vor dem der Boden zittert
Und weit die Luft gewittert",

weiß Hugo Kavenzmann, der stimmgewaltige Standortpfarrer, die Szene zu deuten.

Jetzt kann der französische Frontsoldat, le vieux soudard, der alte Haudegen, seine Abneigung gegen die graue Gelehrsamkeit des Westpointers nicht länger unterdrücken. Er führt sein Offizierkorps zur Attacke – zu der ruhmreichen Attacke französischer Kürassierregimenter in der Schlacht von Wörth, am 6. August 1870....

Auf sein Kavalleriekommando drehen sie die Stühle um, nehmen rittlings Platz und traben locker an. Am Saaleingang formieren sie sich, fallen aus dem Stand in Galopp. Helles freudiges Wiehern, kühnes Schnauben, Staccatostampfen ... ein würdiges Schauspiel. Mit dem ganzen Ungestüm der schweren Schlachtenkavallerie sprengen sie – Kommandeur an der Tête – heran....

Die Klinge blinkt in der Schwertrechten, den erstaunten amerikanisch-deutschen Kameraden drohend entgegengereckt.

„Der Säbel der Kavallerie ist zu breit und gekrümmt – die meisten Hiebe kommen flach", kritisierte Friedrich Engels, der bekannte Amateurstratege 1855. Anders hier: das fiskalische Tischmesser der Bundeswehr, soeben noch beim „Schwäbischen Vesper" nützlich, hat nur matten Glanz. „Kein gutes Omen", ruft Hugo Kavenzmann, katholischer Standortpfarrer mit „Sehergrundausbildung", „schlechtes Omen ... Senfhauch...!"

Vor dem Festkapitel werden sie zusammenkartätscht. Der Kommandeur hat dazu zwei Kameraden, von schlichten Linienregimentern zuversetzte, nicht pferdeberechtigte, hinter den Säulen ... bum-bum ... als Feind eingebaut. Einzeln und paarweise sinken die Kavaliere aus dem Sattel und dahin. Selten vermag die Zügelfaust noch das Roß durchzuparieren – es knirschen Zaumzeug und Zügel – und der glücklose Reiterführer: mitten durch die Brust getroffen auch sein wackeres Streitroß, vornüberfallend, linke Vorderhand gebrochen...

Der Lärm der Schlacht verstummt. Ächzen, Stöhnen, Fluchen, fern verröchelnde Rufe „Vive l'Empereur"...

Er wird hervorgezogen, unter den Hufen seines braven, braunen Wallachs, auf ein frisches Pferd gesetzt, der Colonel. – Wie weiland Napoleon Bonaparte, der blutjunge, in der Schlacht von Rivoli. Ergriffenes Schweigen in der Allianz der Nato-Kameraden. Feierlich erhebt sich der Frontsoldat, der „troupier fini", und wird zum Monument. „Voilà", mit breiter Handbewegung stellt er das Desaster vor, „voilà, – l'attaque de Reichshof...!"

Merket hier:

*„Es ist eine Tatsache, daß die Franzosen in hohem
Maße die notwendige Eigenschaft eines Reitersoldaten
besitzen, die wir Schneid nennen und die eine ganze
Reihe Mängel wieder wett macht. Andererseits geht
kein Soldat so sorglos mit seinen Pferden um wie der
Franzose." (Fr. Engels, Milit. Schriften, 1855).*

Die feuchten Augen der Deutschen hängen bewundernd
an diesem Spektakulum. Beppo Beffchen, Hugo Kavenz-
manns evangelischer Amtsbruder beugt sich besorgt über
den nächstbesten Blessierten. „Stehet auf", spricht er mit
Josua 7, Vers 10, „warum lieget ihr also auf eurem Ange-
sicht?" Und Hugo Kavenzmann reicht die Labeflasche ohne
weiteres dem von ihm als „Aumonier à cheval", dem Feld-
geistlichen zu Pferd, identifizierten: „Da, Bruder, das wird
deinem Nabel gesund sein und deine Gebeine erquicken",
spricht er mit Salomon....

Und dann treten sie ohne lautes Kommando zusammen,
treffen sich in Saalmitte, die deutschen Oberleutnante und
Leutnante der Panzer und Fallschirmjäger, um das Lied zu
singen. Das Lied der französischen Fallschirmjäger. Das
Lied, das die „Paras" in Algier gesungen, nach dem zweiten
Putsch. Das Abschiedslied, als sie in Omnibussen abtrans-
portiert wurden: „Je ne regretterai…"

Da ist der alte Murrkopf, „le vieux grognard", nicht
mehr zu halten. Da springt er erneut auf den Stuhl. „Quelle
demonstration de cameraderie!" Donnernd ruft Lieutenant-Colonel de la Bredouille in seinem „Legionsdeutsch":
„Camarades! Ssu Ähränn där deütßen Offißirönn, unßrä
guttänn Camaraden, wir singen: ‚Orßt Wässällied … dü
Fane och'…!"

Wie sagt der Kursächsische Oberstleutnant v. Fleming
anno 1726:

*„Die Franzosen sind hurtig und behende, sehr höf-
lich und manierlich.… Sie incliniren nicht sehr zur
Melancholie, und wenn sie betrübt sind, können sich
die Betrübnis mit Singen und Pfeifen vertreiben. Im
Kriege geben sie gute Soldaten ab, sind dabei von
scharfsinnigem Verstande und guten Einfällen.…"*

Blankes Entsetzen bei den Deutschen. Die beiden
Kommandeure erstarren. „Mon Colonel … oh mon Colo-

nel", japst Szoulce. Der Kommandeur des Panzerbataillons, Oberstleutnant i. G. Sturmböck, schnappt nach Luft. Er leistet hier nur seine „Frontbewährung", seine Truppendienstzeit, ab. Um danach sofort wieder unterzutauchen in dem „hohen Stab am Rhein". Jetzt sieht er sich am Ende einer in der Bundeswehr so verheißungsvoll begonnenen Laufbahn.

„Szoulce", stöhnt er, „mein Gott, lassen S'sich was einfalln! Sag'n Se was! Irgendwas!" Wie? Was denn? Wird man heute an der Akademie der „Zauberlehrlinge" in Hamburg nicht mehr unterrichtet über „das Wesen der kriegerischen Beredsamkeit und ihre fromme Nutzanwendung"? Hat nicht der weise Heide Sokrates den Obersten der athenischen Kavallerie gefragt, „wie, willst du denn die Reiterei schweigend führen?" Hat nicht schon anno 1613 der „tapffre und berümpte frantzösische Ritter und Obristlieutenant" de Billon warnend den Finger erhoben: „Der Obriste solle wohl beredt sein, dann solches fruchtet vil bey denen schröcklichen Begebenheiten des Militairs"!

„Nichts wird er sagen", knurrt Hugo Kavenzmann, der Standortpfarrer, „kenne das. Ganz strenger Orden. Trappist. Ohne seine Klosterregel würde er sprechen".[1]

Schweigen? Und der Lieutenant-Colonel de la Bredouille immer noch auf dem Stuhl. Beide Arme hoch erhoben. Noch beide...

Und Szoulce, unser Fallschirmjäger? Wo bleibt sein Ruf, der den Äther erschütternde, die Gemüter bewegende: „Ruhe im Karton! Ordnung! Kammráahdn: Sammelt Euch um meine weiße Mütze", wie das Wupdich v. Wurzen, der Brigadekommandeur, als Hauptmann 1941 nach dem Sprung von Korinth getan? Hugo Kavenzmann aber, der Standortpfarrer, winkt den Spielleuten. Natürlich nur mit den Augen. Auf derlei geheime Kommandos versteht sich außer ihm nur noch der Hauptmann Kurz aus der Garnison an der Jagst. Aber da fallen dann die Leute gleich reihenweise um, fangen an zu pumpen, freiwillig natürlich... „Herr Oberstleutnant", flüstert Hugo Kavenzmann, „da... die da..."

---

[1] Warum vertraut man Generalstabsoffizieren nur ungern ein Kampfbataillon, warum viel lieber ein Versorgungsbataillon an? Versorgungsbataillone werden im Einsatz und Manöver aufgeteilt.

„Wammerl", schreit da Szoulce, „Oberinspektor Wammerl…!"

Als Oberschütze schon hat Wammerl seinen Kompaniechef im Infanterieregiment Ludwigsburg vor dem Tode des Ertrinkens gerettet. Aus der Rems. Deshalb noch einmal: „Wammerl…!"

Wammerl, der Regierungsoberinspektor mit Truppenherz und -verstand, schnalzt dem Bataillonserzhornisten: „Obergefreiter Bock!" Dröhnend marschiert der Obergefreite vor. Das Signalhorn scheppert an der Hüfte. Knallend

Underricht
für alle die jenigen
die nach eines FELDMARSCHALCKS AMPT
trachten

„Wer aber nach eines Feldtmarschalcks Ampt aspirirt und trachtet, der solle mit embsigem fleiß sein Ampt recht und wol versehen.

Er solle bey nahe aller freyen Künste erfahren sein und alle Tugenden des Gemüets an ihme haben. Auffs wenigst seindt ihme nachfolgende Beschaffenheiten stündtlich von nöten: Fürsichtig, Großmüetig, Freygeb, Subtil, Wachtbar, Nüechtern, Wohl Beredt.

Er solle hertzhafft reden und ohn forcht sein Ampt verrichten. Es ist aber besser, daß er hart und zorniglich, als erschrocken und kleinmüetig rede.

Damit er Lieb und werdt gehalten werde, so solle er die gutten und dapfferen Soldaten loben, und die bösen verzagten schelten.

Er solle einen jeden auffmuntern und ehrungen oder belohnungen verheissen. Dann die Hoffnung der Besoldung und Ehren, wie die Forcht vor der Straff und Schmach verursachet, daß die Kriegsleuth wunderliche Thaten vollbringen.

Er solle so grosse Taffeln halten, als ihme müglich ist, niemahln aber zartte noch schleckerhaffte Essen

steht er still ... setzt das Horn an. „Hornist", ruft Szoulce da mit heller Stimme, „Hornist: Signal!"

Die Waffenbrüder nehmen zu dem feierlichen deutschen Brauch „Habt Acht-Stellung" ein. Lieutenant-Colonel de la Bredouille nimmt beide Arme herunter. Der Jagdruf „Sau tot" beendet die harmonische Vesperstunde.

„A very fine military ceremony", meint der Westpointer gefesselt.

„One of our most easy lessons", winkt Szoulce – dieser und noch so manch anderer Anglizismen kundig – bescheiden ab.

---

speißen, dann es ist besser, daß fünffzig Mann als nur zehen mit gleichen unkosten gespeißet werden. Über dies wirdt schon ein jeder sich seinem exempel reguliren, solche Närrische und Unnützlich kosten betreffende.

Er solle die Tugend belohnen, die Fähler und Laster straffen.

Er solle jeden Hauptmann offtermahlen nach seiner Schuldigkeit gesprächsweise examinieren.

Es were auch gut, das er viller Sprachen erfahren sey, damit er jedermann Antwort geben und in gutem Willen erhalten möge.

Wann eine frömde Nation in dem Heere ist, muß man ihres wandels gute Auffsicht haben, und, da sie in Fählern ergriffen, denselben zuvorkommen. Er solle jederzeit das Heer in hertzhafftigkeit erhalten. Als auch mit Listen sagen, die Feindt seien allesampt kranck und meutern, und ville anderen mittel mehr, die er selbst erfinden mag. Er solle stetig seinen Verstandt auff alles das, so dem Heer nutz- und vortheilig sein, den Feinden aber schädlich sein mag, gerichtet haben.

Auch solle er sich erinnern, daß mehrmahlen in Kriegen neue Gattungen der Waffen und neue Gelegenheiten Schlachten zu lüfferen erfunden wurden....."

(Joan de Billon, tapfferer und berümpter frantzösischer Ritter und Obristlieutenant, Basel 1613)

Offizierbelehrung

„Der Vorgesetzte erklärt seinen Soldaten den Sinn ihrer Tätigkeiten so, daß ihnen Handeln aus Einsicht möglich ist." (ZDv10/1, Hilfen für die Innere Führung", 1972)

Die Alarmierung des in der Division als unkeusch und versoffen bekannten dritten Fallschirmjägerbataillons zu Fuß ist mißlungen. Unter der verträumten Führung verdrossener Offiziere versammelt man sich immer noch, als der Brigadekommandeur, a Saxon wide-awake, heller Sachsensproß, eintrifft. „Ich wünsche die Offiziere zu sprechen, – sofort..."

Auch der Oberst von Wurzen hat sich verspätet. Die Prüfung des Unteroffizierlehrgangs im feudalen Donaueschingen ist in Kontaktgespräche mit Behörden, Geistlichkeit und Fürstenhaus übergegangen. Und übergegangen ist dann auch das Fürstenauge, als es die „Rallye" zwischen dem Divisionskommandeur (ragende, graue Heldengestalt) und dem Brigadekommandeur (Saxon wide-awake) mitansehen mußte. Ohne der Erstausgabe des Nibelungenliedes in der Fürstenbibliothek zu achten, kurvten die kühnen Degen zum Schloß. Wunderlich enthemmte Äußerungen des Obristen hatten den General an seine Fürsorgepflicht erinnert und zu behutsamer Heimfahrt mahnen lassen. „Entschuldschung, Härr General, aber das ist doch dummes Zaich. Rückwärts fahre ich doch noch bäss'r als Sie vorwärts!"

Aber jetzt, Spätsommer 58, wünscht der muntere Oberst alle Offiziere zu sprechen. In der Kegelbahn der Dorfschenke werden sie, Bataillonskommandeur voraus, vergattert. „Maine Härrn! Ich hab' alles mitangesäh'n. Mir gönn Se nischt vormachn. Die ganze Zait hab ich zugesähn. Aingehilld in main ollen Wehrmachtsiebermandl. Hinderm gleenen Dännchen. Hab alles gesähn. Genne die Säufer und die Benner. Nu, – beschwärn Se sich ruhig. Was Sie da zelebrierd ham, das war geen Alarm. Das war'n ganz mieses Gemähre. Aber, meine Härrn! Alles schon mal dagewäsn. So'n oller Feldhauptmann, Wallhausen glaub ich, hat schon 1617 gesagt:

„Es verdirbet nichts die Soldaten mehr und heffti- ger als die Wollüsten und Ergetzlichkeiten, derowegen soll und muß ein Capitein wol zusehen, daß seine anbe- fohlenen Soldaten dem Fressen und Sauffen nicht zu- viel ergeben seyen, wie auch aller Hurerey und Üppig- keit des Fleisches, als welches den Leib und dessen Kräfte sehr schwächet...."

Haben Se gut zugehörd? A u f b a s s e n soll'n S e! Ihre Soldaten solln Se führn! Und nicht värführn! Sähn Se, das ist nämlich Ihr Handwerk. Und davon verrschtehn Se gar nischt! Sie gönn bloß so'n baar dämliche Gunschtschtigge und noch'n bißchen Däderäda, aber das machen die Halbschtarken auch noch bässr."

In die Bundeswehr wurde der Oberst v. Wurzen schon deshalb eingestellt, weil im Personalgutachterausschuß ein Liebhaber der klassischen Operette der Auffassung war, „ja, wir sächsischen Obristen sind nur schwer zu überlisten". Und tatsächlich hat er später, als er bei den Heeresfliegern wieder fliegen durfte, den Flugsicherungsfunkverkehr nicht angel –, sondern eefach sächs'sch abgewickelt.

Er fährt fort: „G e h o r s a m, maine Härrn! Erst, wem- mer führn gann, gammer Gehorsam erwarten! Sähn'n se mal: Schon die ollen Griechen kannten den freiwill'chen Gehorsam, den „Gehorsam aus Einsicht". Ja, das haben die damals schon gefordert. Mühen und Gefahren nahmen die dann alle fraiwillch auf sich. Wie man den erreicht? Das will'ch Ihnen sagen: „Vormachen, Mitmachen! Teilen und Mitteilen! Und, maine Härrn: ordentlich befähln! Wo ich das härhabe? Nu, – das sagt Ihnen doch alles der alter Härr Xenophon. Man sollde äbn des Schraibens und Läsens mächtig sain!

„Zum Gehorsam aus Zwang genügt es, den Gehor- sam zu loben und den Ungehorsamen zu strafen. Zum freiwilligen Gehorsam, der weit vorzüglicher ist, gibt es einen kürzeren Weg... Teilnehmen an der Freude, wenn ihnen ein Glück, teilnehmen am Schmerz, wenn

ihnen ein Leid begegnet; Beistand leisten in ihren Sor-
gen; bemüht sein, vorauszusehen, daß sie nicht strau-
cheln und ihnen bei Fehltritten zur Seite stehen... Das
alles trägt zur Liebe der Untergebenen bei". (Xeno-
phon, Cyropädie)

Nu, sähn Se, das hadd drr Bismarck alles noch in drr
Schule iebersätzd, nu, als Bennähler. Mrr sollds nich gloobn,
– und, meine Härrn:
Außerdem war das aber schon so, als der Hauptmann
von Gabernaum noch Fahnenschunker war. Nu ja, – macht
ja nischt, daß er adlich war oder? ... Drr Lukas, der schildert
ihn uns als selbstbewußt und doch bescheiden, human und,
meine Herren: sozial!

Dreigeteilt ist nämlich drr Mänsch:
(den Ärmel am Bizeps hochzupfend) diesen hier,
(sich an die Stirn tippend) diesen hier,
(schlägt sich dreimal ans Herz) und diesen hier, – gerade
das wird mir nämlich allzu oft vergessen. Dazu muß man
sich aber um die Laide gümmern. Denken Se ruhich 'n bißchen nach über das Wort: A' Viech, wenn sich geener drum
gümmert, kümmert!
Läs'n Se mal Bestallozi! Hat zum Beispiel auch nur ainer
von Ihnen den alten Härrn Pestalozzi geläsn? Na, bitte,
scheniern Se sich nicht. Hand hoch! Na säh'n Se! Oder den
ollen Bollschewiggn da, den Magarenggo? Nu, wär gennt 'n
den ieberhaubd, den russ'chen Starbädagogn Makarenko?
Da, nich ainer!
Ich weeß nich, ich weiß nich: sowas geheerde friehr zur
Allgemainbildung där Offiziere. Und drr Scharnhorst und
drr Gneisenau, die ham den Bestalozzi als Lährbuch be-
nutzt, fir ihre Reformen...
Was machen Se eigentlich mit Ihrer scheenen Zeit?
Kriege verhindern? Na, – das is ooch sone Sache! Das müssen Se alles ganz einfach, noch eefacher ausdrüggn. Ihre
Jäächer missn gämpfen gönn, und se missn gämpfen wolln!
Wann, wollen Se wissen? Nu, ganz eefach: wenn se den Be-
fähl dazu griechen! So muß man's klar machen! Alles andere
ist nichts als ganz dummes Zaich!
Wie scheen, meine Härrn, schbricht da wieder dieser olle
Feldhaubdmann vor dem dreißichjährchen Grieg? Viel-
leicht wissen Se noch, wann das war.

„Es soll aber ein Soldat drei Punkte wohl in acht nehmen: Erstlich Gott im Hertzen haben. Zum andern den Feind im Gesicht. Zum dritten die Wehr in der Faust".

Und noch einmal schwimmt er auf:
„Wissen Se, wo das herkommt, dieses Juxen und Dollen, das Saufen und Bumsen? Ich will's Ihnen sagen: Sie haben nischt zu tun! Sie haben zu viel freie Zeit! Sie schieben hier in der Armee eine ganz ruhiche Kuchel. Eine zuuhu ruhige Kugel! Und viehiel zu wen'ch Dienst. Und das wärrmer ändern. Ich wärd' Ihnen aufs Bauchgnäbbchen drädn, aber ganz ge'ärich…"

Merket hier:
„Der Freizeit, die den Soldaten nur zum Unfug und zu Exzessen führt, muß durch stetige Beschäftigung entgegengearbeitet werden. Daher haben die Obersten darauf zu achten, daß sowohl auf den Übungsplätzen als auch in den Garnisonen oder in Manövern strenge Mannszucht bestehe. Viel marschieren im Laufschritt, öftere Dienstaufsicht und nicht zuletzt kein Urlaub sind drei nicht zu verachtende Mittel. Man übe sie ohn Unterlaß, daß ihnen der Schweiß von der Stirne trieft!"
(Flavius Renatus Vegetius, 370 n. C.)

„Und den Alarm", er zieht die Schultern wohlig in seinen ‚Kammermantel', staucht die Ellenbogen in die Taschen, den wär'mer nadierlich a baarmal wiederholn… Und wenn wär saine scharfen Luschtgefiehle nich maistern und barduh nich ziecheln gann, – nu –, da soll'r äbn abhaun… maintwechn bis uff de Balearen.. Die ollen Balearen, – sähn Se mal –, die triebens so doll: wenn da eener hairadede, da gonnte dann in der Hochzeitsnacht jeder mal… brauchte bloß 'n Speer vor die Hidde schdelln… vielleicht ham die gerade Hochzeit… da gann där dann och… wenn'r gann…"
Damit schickt er das Bataillon auf die „Rauhe Alb" und ordnet Feldgottesdienste an.

Denn merket:
„Da aber die Menge stets leichtfertigen Wesens, voll ungesetzlicher Neigungen, unvernünftigen Zornes und gewaltsamer Leidenschaften ist, so bleibt nichts anderes übrig, als die Furcht vor dem unbekannten Jenseits

und schreckhafte Vorstellungen ähnlicher Art zu ihrer
Bändigung zu Hilfe zu holen". (Polybios, um 170
v. Chr.)

Da gehen sie dann im Laufschritt in sich. Und an der Waldecke „Karl-Heinz" ist die Klage des Bataillonskommandeurs, des waidwunden, weithin zu hören. Der sächsische Landsmann des Obristen hat das Stoßgebet für solche Fälle der Nachwelt überliefert.

Höret:
„Oh wie jämmerlich hast du uns zugerichtet und
wie hart hast du unsere Missethat an uns heimgesucht.
Ach freilich haben wir dies alles und noch viel mehr,
verschuldet. Hilf, daß wir den erlittenen Verlust bald
wieder mögen wetzen. Schicke wider unsre Feinde
Furcht und Schrecken; schwäche ihre Kräfte und laß
ihre Schwerter widereinander fahren. Seufzerlein,
Amen." (v. Fleming, Kursächsischer Obristlieutenant,
1726. „Gebeth eines hohen Offiziers, wenn die
Schlacht übel abgelaufen")

Der römische Kaiser Septimius Severus an seinen Legaten in Gallien

,,*Deine Soldaten treiben sich (vagantur) am hellen Tage auf den Gassen, deine Obersten in den Bädern herum!*

Deine Leute sieht man bei Tage in den Schänken, bei Nacht in den Bordellen.

Ihre Zeit verbringen sie mit Tanzen, Trinken und Lärmen. Das Maß ihrer Saufereien ist riesengroß! (Sine mensura potare).

Versuche es nur, zunächst deine Obersten wieder zu ordentlichen Kriegern zu machen und verfahre sodann mit den Mannschaften ebenso!''

(Aelius Spartanus in ,,Scriptores Historiae Augustae'' über Pescennius Niger, 3)

„Alte Waghälß"

„Entschlossenes Handeln ist das erste Erfordernis im Krieg. Führer, die nur auf Befehle warten, können die Gunst des Augenblicks nicht nutzen". (HDv 100/100, „Führung im Gefecht", 1973)

Windspringer werden als erste abgesetzt. Sie springen voraus, um die Windverhältnisse zu testen. Sie dürfen am Schirm nicht arbeiten: nicht slipen, nicht schieben. Sie müssen und dürfen sich treiben lassen. Windspringer sind als Einzelspringer rechte Individualisten. Sie sind die einzigen, die an Bord durch falsches Verhalten andere nicht gefährden.

Wir erkennen: Vieles spricht dafür, solche Waghälse, „die sich vor anderen zu jeder Zeyt gebrauchen lassen", aus dem Kreis jener alten kriegsgedienten Kommandeure zu nehmen, vielerorts noch als „ohlen ehrliken Dütschen" bekannt und vorgezeigt. Die alte Wehrmacht war auch da viel unmenschlicher. Da wurden für so was Puppen abgesetzt.

Karl v. d. Krücke, Oberstleutnant (geschädigt, schwer, haar-) hat das „Arbeiten am Schirm", dieses Slipen, überhaupt nie begriffen und deshalb in seinem Bataillon als ganz übles Zeichen von Schlappheit verboten. Heute, bei der Übung „Kleine Meise III", hat er sich wieder mal als Windspringer gemeldet. Lässig steigt er als letzter ein, gewillt als erster zu „tschampen", tut ganz wie der alte Marschall Moritz v. Sachsen, 1741 vor Prag, will hier „der erste auf der Mauer" sein.

Und schon beginnt der Absetzer[1] damit, seine Crew durch ein kleines Quizgebrüll während des Fluges am Leben zu erhalten:

---

1) Absetzer sind die Leute, die den, in die Tiefen des Laderaums ausgewichenen Oberstlt. Meyer II, Panzerbtl., mit leichter Hand an die offene linke Tür, und von da mit geübtem Griff – gegen einen Kasten Bier – zur rechten Zeit in die frische Luft befördern.

„Was seid ihr?" „Springer!"
„Seid ihr glücklich?" „Jaaaaaah!"
„Wollt ihr springen?" „Jaaaaaah!"

Als echter Windspringer verharrt v. d. Krücke bei solchen jeden Verhaltensforscher ergreifenden Possen teilnahmslos. Diese Haltung trügt natürlich. In Wirklichkeit sieht er sich auf Wohnsiedlungen, Staketenzäune, Hochspannungsleitungen zutreiben, mit Masse auf Walmdach, mit Teilen auf TV-Antenne landen. Und schnell nimmt er die Hände vom Reserveschirm und „Freistoßabwehrhandhaltung" ein. Auch der umsichtige Absetzer greift zu seiner psychologischen Operation: „Seid ihr glücklich?" – „Jaaaaaah!" – „Wollt ihr springen?" – Jaaaaaah!"

Und dann tritt v. d. Krücke, der bekannte jugendliche Heißsporn, betont und munter in die Tür der „Noratlas". Im Fahrtwind flattern die Backen. Bedarf es da des Delphischen Orakels, um zu erkennen: „Jetzt schon stehet er da, vom Schweiße der Angst übergossen. Bebend das Kinn, es klappern ihm laut im Munde die Zähne".

Noch hält Hauptfeld Brötchen, der Absetzer, den „Schritt" der Reckenhose fest in der Hand. Doch, sei es, daß er griffiger werden will, sei es, daß er vergleichsweise nur Geringes zu fassen bekommt, – er faßt nach und... ins Leere. Weit hängt er sich aus der Tür. Dem Bordvolk schaudert. Dort schlenzt der Schirm um die Ecke. v. d. Krücke entschwebt in die Ferne.

„Mund zu", brüllt ihm der Hauptfeld, der fürsorgliche, noch nach. „Sie treiben ab – nicht slipen – Mund zu! – Nur bedingt tauglich, der da", erklärt er schreiend, „viel zu großes Gaumensegel..."

Ganz schnell und nachhaltig remotiviert er seine so überraschend früh dezimierte Schar. Im Ausfall links schräg vorwärts wuchtet er auf sie los. Die Rechte schnappt beschwörend auf: „Was seid ihr?" – „Springer!" – „Seid ihr glücklich?" – „Jaaaah!" – Wollt ihr springen?" – „Jaaaaaah!"

Beruhigt lehnt er an der offenen linken Tür. Gelangweilt verfolgt er die vorbeiflitzende Flur..

Karl Krücke schaukelt sanft am Schirm, weidet sich in embryonischem Wiegen. Himmlische Stille. Und so ohne jeden Auftrag, der Oberstleutnant, ohne Auftrag, der einen „Führungsvorgang" auslösen, ingangsetzen, könnte. Ohne jeden „zielgerichteten, immer wiederkehrenden und in sich geschlossenen Handlungsablauf", wie ihn die Führungsvorschriften 1973 vorschreiben. Keinerlei Verhaltensmaßregeln, außer einer: sich treiben lassen! Und nur ganz müde „Informationsverarbeitungen". Höchstens die: die Wies da unten, als „Zielvorstellung", und nicht gerade das Rokokowunder selbst, dort in der Wies, mit seinem beschwingten Tonnengewölbe.

„Jaaah", schreit er aus vollem Hals in die Lüfte. Er ist wunschlos glücklich. Höchstens eben: die Wies da unten, nicht nur als Denkmodell, und nicht gerade das verspielte Rokoko der Gebrüder Zimmermann.

Und ob ihn auch Bodenwind packt und treibt, ob ihn der Feldweg, der steinige, haben will: „Arme seitwärts streckt", so hängt er still in den Sielen, und so still bleibt er nach Kopflandung liegen.

Kein Flurschaden, der Feldweg hat ihn. Funken flitzen, abstrakt-knallig-kurzlebige, dann farbige Fülle, dann blumige Au... und Gesang. Frommer Gesang bärtiger Pilger. Tannhäuser? – Tannhäuser tritt auf: „Seid ihr glücklich", murmelt er matt. „Jaaaaah", schreit v. d. Krücke erwachend.

Da trifft Alois Stechele, Bauer, Schankwirt, Meßner und Tenor im Kirchenchor allhier, ein und alsbald die Feststellung: „So da sa ma!"

„Jaaah" v. d. Krücke schreckt hoch und zappelnd zusammen. Kein Wunder, bei so überraschender Begegnung mit Ureinwohner.

Merket hier:

„Das Aussehen der Germanen aber ist fürchterlich. Der Ton ihrer Stimme ist rauh und tief. Im Gespräch drücken sie sich kurz und rätselhaft aus und deuten manches nur unvollständig und bildlich an... Ihren Gesang, mit dem sie einige preisen, andere schmähen, begleiten sie mit einem der Leier ähnlichen Werkzeug". (Diodor v. Sizilien um 50 n. Chr.)

„Da sa ma..."

Ach wie ganz anders und ungleich epischer hätte da der Gast (Gast)wirt der „Flotten Leda" nach Großväterweise gesungen, dieser Iphikrates Achil aus Schwabylon: „Karl Krücke, spräch er, seid ihr es? Von wannen trug euch die Woge?"

„Da sa ma". Unvollständig, rauh und rätselhaft aber, die Konversation Alois' des Stechele. v. d. Krücke kramt nach der Karte, greift sich 'n Grashalm, vergleicht Kartenbild und Gelände: orientiert sich.

„Na, – da sa ma net", konstatiert Stechele und Karl Krücke fühlt sich ertappt. Tappen seine Finger doch auf dem Stadtplan von München um Schwabing herum. Wollte abends wohl was für die Bildung tun? Offizierspähtrupp? Oder gar Pensionärstoßstrupp? Daher der Traum vom tragischen Tannhäuser, dem weitgereisten Windbeutel, und legendären labilen Lustmolch.

„Danheuser war ein Ritter gut
Wann er wolt Wunder schawen
Er wolt in fraw Venusberg
Zu anderen schönen frawen"
Und hatte doch behauptet, er springe hier zur Inübunghaltung![2])

„Doktor", fragt v. d. Krücke den Oberfeldarzt Dr. Fred Profilax (59), „wollt ihr springen? Springen Sie noch?"

„Jaaaah, – na klar! Erst letzte Woche, als Föhn war, sagte ich zu mir, Junge – Junge sagte ich: heute, alter Springinsfeld, heute springst du! Der Meister vom Sprungdienst, Karl-Heinz, – nie gewußt, daß man so heißen kann, dachte immer, so hießen nur die Waldecken im Mittelabschnitt der Ostfront–, also Karl-Heinz, der wollte erst nich… Er hat mich dann aber als Windspringer eingeteilt."

„Und ich, Doktor? Meine Springerei…?"

„Sie, – von jetzt ab nur noch „Wasserspringen"! Lauter „olle Ehrliche". Sauwaldsee sommerlich aufgeheizt. Sperrgebiet. Hubschrauber holt Sie mit Winde gleich wieder an Bord. Aber aufpassen: Oberst Harrminius, Feld-Wald-, Wiesen-, Wind- und Wasserspringer, war vom Schirm noch nich frei, da fingen die schon an zu ziehen. ‚Von oben jezerrt, von unten jezogen', war er am Jammern, Mann, da wa ick wieda mal so richtlich „Kommandöa", noch imma unjekläat, wieso ick den Helikopta nich zum Kentan bring'n konnte.."

---

2) Fallschirmjäger müssen, um es nicht ganz zu verlernen, viermal im Jahr springen. Alle weiteren Sprünge gelten als „Lustsprünge". Diese Regelung gilt ohne Rücksicht auf Alter. So wird hier Luthers Weisung umgangen…

Betrifft: *Teilnahme Kriegsgedienter am Heeressport-*
tag
Hier: *Pompeius (58)*

„Dies alles war nun allerdings von großer Bedeu-
tung für die Truppe, wenn sie sah, daß Pompeius, der in
zwei Jahren sechzig wurde, bald zu Fuß mit anderen
wetteiferte, bald im Galopp das Schwert behende aus
der Scheide zog und flugs wieder einsteckte, während er
beim Werfen des Speeres mit ungemeiner Treffsicher-
heit die kernigsten Weitwürfe erzielte".

(Plutarch, um 50 n Chr.)

Vom Ampt vnd Befelch der Läuffer.

WO man mit grosser macht/ anzal oder Hauffen Kriegßvolcks/ gegen einander zu Feldt/ vor oder in Besatzungen/ ligt oder zeucht/ so pflegt man vnder den Landtsknechten gewönlich zu eim außschuß Läuffer vnd verlorne Hauf=

fen/ oder Blutfanen/ wie mans nennen mag/ zu ordnen/ welche als Waghälß sich vor andern zu jeder zeyt gebrauchen müssen lassen/ Wiewol kein Landsknecht oder Kriegß mann für sich selbs solches ist schuldig zu thun oder darzu genötiget vnd gezwungen kan oder mag werden / werden doch solche Läuffer auß dem gantzen Hauffen durch die Rottmeister darzu verordnet/ nemlich vnd der gestalt/ wo man solcher nottürfftig/ wirt allen Rottmeistern durchs gantz Läger hinauß / vnder allen Regimentn/ besonder vmbgeschlagen/ für deß Obersten vn dero Hauptleut Losement sich zuverfügen/ Allda wirt jnen weiter angezeigt/ wie das auß jeder Rott besonder/ von freyem guten willen/ oder durch Spiel vnd Losung / ein Läuffer in verlornen Hauffen/ oder dergleichen/ waß man der nottürfftig/ sich darzu verfügen. Nach dem aber solcher Läuffer Befelch vnd Ampt viel lauffens vnd rennens erfordert / darzu vnd anderen/ gegen dem Feind mehr besorgen / vnd gefahr bestehn muß / so begibt sich einer nicht bald von freyem willen darzu/ Derwegen so läßt jeder Rottmeister sein Rottgesellen spielen/ welcher als

D iii

Jost Amman
Vom Ampt und Befelch der Waghälß
Textillustration aus:
Fronsperger, Kriegßbuch

„Bitte zum Vortrag"

Wesentliches Merkmal erfolgreicher Führung ist ihre Dynamik". (Hdv 100/200, Führungssystem des Heeres v. August 1972)

„Neue Zielvorstellungen für Luftlandetruppen". Darüber soll seit langem seinem General Vortrag halten der Oberstleutnant v. d. Socken. Teilnehmen soll eine Handvoll mißmotivierter Obristen. Jetzt warten sie, hastig zusammgerufen, im Vorzimmer... Sind alle darauf aus, bei dieser Gelegenheit vor ihrem General ihre Bären brummen zu lassen...

Personen der Handlung:

Euphrat, Generalmajor, Panzertruppe, Generalstabsoffizier, eine Persönlichkeit von Format, deren Stärke eher im Herzen und im Charakter liegt. Weiß um diese Stärke noch nicht. Drei Finger an der Newa, vor Schlüsselburg, gelassen.

Grande, Heeresfliegeroberst, „slinking flat foot", Luftschlacht um England, erhielt kürzlich die Luftschraube seiner Me110 wieder, spricht seither wie Alexander d. Gr. – obwohl nie Kavallerist gewesen – durch die Nase. Seine „Dienstanweisung für Vogelvergrämungsoffz. der Heeresflieger" ließ die Führungsstäbe aufhorchen: „Vollen Schutz und weitere Hilfe aber, um überhaupt den Bestand zu erhalten, benötigt die Heerschnepfe, Scolopax gallinago...".

Knochenkarl, wetterharter Fallschirmjägeroberst, „kräftige Fellstruktur", Kegelbruder schon vor der Schlacht um Nettuno; nach dem Kriege deshalb zunächst hartholzverarbeitende Industrie und Pfeifenraucher. Letzter Kommandeur Fallschirmjägersturmregiment. Überraschte auch im Lehrgang „Innere Führung".

Langher, Heeresfliegeroberst, Luftschlacht um England,
Seither schlechten Taupunkt: transpiriert immer so
beim Schwitzen! Wiedergutmachungskomplex seit
General Rochus von Bern ihn und seinen Heeres-
flugplatz im Wiederholungsfalle mit ganz schlappem
Luftdruck ertappt. Auch Gerüchte um Techtelmech-
tel mit „Adiabate".
v. d. Socken, trägt jetzt immer welche, seit 1943 Sandfloh bei
El Alamein seine Eier unter großen Zehen gelegt.
Oberstleutnant mit ausgeprägtem Fernmeldekopf.
Traditionalist; orientierte sich auch beim letzten
Überlandflug nach rückwärts. „Das Leder seiner Oh-
ren reicht bis zum Reißzahn". Trotzdem schwerhörig.
Gepflegter Plauderer, und Oberstleutnant (Simplex,
A 14).
Ort der Handlung: Hoher Stab am Rhein.
Zeit: n. N. (nach Nagold)

„Interessante Unterlagen, das da?" Lässig tastet Grande
mit der Brasil Knochenkarls Papiere ab. Doch der Feldobrist klemmt sein Längsgefaltetes fester, – erzielt so unge-
wohnt eleganten Hüftknick. Und in der, – den Fallschirmern
aller Nationen nun mal eigenen so g'schamig-bescheidenen
Art wehrt er ab: „Ach nur so'n paar Punkte, – ganz flüchtig
zusammengestellt... Und Sie, – Neues zu dem Komplex?"
„Ach, – khmmhm –, meine Studie eben. Soll jetzt auch in
den „Schlieffen-Briefen" herauskommen. Der Inspekteur
will das Vorwort übernehmen..." Unversehens hat
v. d. Socken den vordersten Platz an der Türe eingenommen.
Nur ein kleines Manöver der Herren und der harmlose Lo-
kalrivale findet sich in den Tiefen des Raumes wieder. – Wie
es sich für die Reservekavallerie und Luftlandetruppen gehört. Und so laufen sie ein...
  Am Schreibtisch der schweigend arbeitende General, –
ganz wie schon anno 1565 von Leonard Fronsperger, Bür-
ger zu Ulm beschrieben:

> *So gehört auch die gedult der arbeit zuvoran dem*
> *General, dan er sol under Ritterlichen arbeyten als der*
> *letzt müd sein, vogelschnell alle sachen bedenken."*

Kein Gruß kann erwidert werden. Er blickt nicht auf.
Damit hat schon kein geringerer als Julius Cäsar die römi-
schen Senatoren (waren auch schon einige Truppenverwal-

tungsbeamte, Rechtsberater und andere Wahrsager darunter) schwer erzürnt[1]).

„Was wollen Sie eigentlich alle hier?" Grande, der Heeresflieger, „cleaned his throat", räuspert sich. Dann erklärt er vorsichtig, man sei zusammengerufen worden, – „khmhm"–, durch den Herrn General, um Ausführungen dieses Herrn v. d. Socken entgegenzunehmen zum Thema „Luftbeweglichkeit im Heer", – khmhm".

Welch eine Zumutung! Ist doch heute jeder, der es weiter bringen will als zum Vogelvergrämungsoffz. bei den Heeresfliegern, verpflichtet, sich interessant zu äußern zur: „Konvulsion der Disziplin und ihrer Desintegration" **und** der „Luftbeweglichkeit im Heer". Und v. d. Socken will das eine mit dem anderen verbinden! Frei nach Moltke will er seinen Vortrag auslaufen lassen in die Frage: „Luftwiderstand, – Disziplinlosigkeit oder Grundrecht"?

„Worauf warten Sie noch? Nu mal los", murrt der General. Und v. d. Socken hebt an:

„Die Kriegstüchtigkeit der alten Germanen beruhte, Herr General, nicht auf besonderer Ausrüstung oder militärischer Erziehung, sondern auf natürlicher Wildheit. Beispielhaft dafür die Schweizer. Darüber hat ja bekanntlich schon Notker der Stammler, Herr General, im 9. Jahrhundert berichtet:

„Es war aber ein Mann aus Thurgau, Eishere mit Namen. Als dieser im Gefolge Karls d. Gr. mitzog, mähte er Böhmen, Wilzen und Awaren wie das Gras auf der Wiese... „Was soll ich mit diesen Kröten", frug er, „sieben oder acht oder auch neun spießte ich auf meine Lanze und trug sie hierhin und dorthin, weiß nicht, was sie dazu brummten..."

Diese alten soldatischen Tugenden, Herr General, gilt es zu wecken und zu fördern. Weil ja Luftlandetruppen oft ohne Panzerunterstützung kämpfen müssen. Bereits wurden dazu heuristische Denkmodelle entwickelt. Die große Hubschrauber-Planuntersuchung an der Führungsakademie der BW z.B. prognostiziert Inkommensurabilität.. Heute noch, unter den Eidgenossen im Kanton Uri..."

„Blödsinn! Aufhören! Sofort! Alles Quatsch! So ein alter Armleuchter! Keine Ahnung! Das kommt davon! Die

---

1) Nach Cassius Dio, 44. Buch, befand sich der – in der Vorhalle des Venustempels sitzende – Cäsar in echten Schwierigkeiten. Nach letzten Erkenntnissen der Wissenschaft hervorgerufen durch das aus dem schwäbischen Dekumatland eingeführte Fildersauerkraut... Eine späte Rache rechtsradikaler National-Ariovisten...

Brüder kommen alle von der Luftwaffe! – Sie sicher auch! Ach nee, – lassen Sie man. Ich meine ja gar nicht Sie. Ich meine ja unseren Oberinspektor da oben…"

Und schwer atmend setzt er sich jetzt dazu: „Sehen Sie mal, ist doch ganz einfach: Wenn die mit ihren Panzern komm', da machen unsre Jäger einfach die Mücke, vastekken sich hinta'n Boom. Und dann aba – nischt wie ran an den weichen Unterleib des Feindes! Des F e i n d e s sage ich, so ehn ha'm wa denn nämlich! Also nischt wie ran an die Versorgung! Imma' auf den volljefressnen Bauch treten. Aba feste! Alte Kriegserfahrung meine Herren: convoi attaqué, convoi battu!"

Er hebt die linke Hand (drei Finger an der Newa gelassen): „Da, wo das Gelände janz ungangbar, was sage ich, u n p a s s i e r b a r ist, da kommt kein Panzer durch. Meine Herren: ,da kommt überhaupt keener.' Och keen Panzer. Und da… hahaaaaha …da liegen dann unsere Jäger.."

Oberstlt. v. d. Socken ist hingerissen: „Das war es ja", eifert er, „was Karl den Kühnen von Burgund niederwarf! Er mit seinen gepanzerten Rittern gegen diese rauhen, luftbeweglichen, Schweizer Hirtenknaben mit ihrem blutrünstigen Patriotismus und ihrem luftbewegenden Gebrüll… Auch Moritz von Sachsen… die Alemannen vor Straßburg.. sie alle kannten eben noch den großen Taktiker Aelianus und, Herr General, erst Andreas Hofer! Freilich, freilich.. Seydlitz bei Roßbach… oder wie General v. Alvensleben 1870 bei Vionville, als er die Kavalleriebrigade Bredow… Aber dann wieder: General von Lettow-Vorbeck… 1917 …Deutsch-Ostafr…, Herr General…"

Aber der General winkt ab, mit den beiden Fingern der linken Hand: „Lettow-Vorbeck, der noch 1936 den letzten Auerhahn im Forstamt Ellwangen erlegt hat, richtig – richtig, den wollen wir doch als Taktiklehrer an die Luftlandeschule nach Schongau bringen…. Ja, sehr schön alles…. Reichen Sie das mal schriftlich ein."

„Herr General, ich schreibe dazu gerade einen sehr interessanten Artikel aus der Sicht der Heeresflieger für unsere ,Schlieffen-Briefe'." Grande patscht auf seine „Studie", wie von ungefähr natürlich. Und der General greift begierig nach den Blättern.

„Der Inspekteur hat sich bereit erklärt, das Vorwort zu übernehmen!"

„So? Na, dann behalten Sie man Ihren Mist." Angewidert lehnt er sich zurück.

Und gerade jetzt muß Knochenkarl seinen Drachen steigen lassen; wo den General offensichtlich der Aggressionstrieb voll ergriffen hat. Aber der knochige Zeigefinger liegt schon auf Frage 19 der Sammlung. Schlicht und einfach wird sie deshalb vorgetragen: „... ja, das also war einer meiner wesentlichsten Punkte. Ich schließe meine Ausführungen mit einem Wort von Friedrich Engels, dem leidenschaftlichen Amateurstrategen der SPD – man soll uns Fallschirmjägern nicht den Vorwurf machen dürfen, wir seien nicht tolerant –:"

„Das Schwergewicht der militärischen Erziehung ist in die Jugenderziehung zu legen.... Wird ein guter Teil des Sommers zu Märschen und Übungen im Terrain verwandt, so wird Körper und Geist der Jungen nicht weniger dabei gewinnen als der Militärfiskus, der ganze Monate Dienstzeit damit erspart. Solche militärischen Spaziergänge eignen sich besonders dazu, Aufgaben des Felddienstes von Schülern lösen zu lassen. Dies ist in besonderem Maße geeignet, die Intelligenz der Schüler zu entwickeln...."

Der General schüttelt indigniert sein Haupt: „Sie haben mich ja gar nicht verstanden".

„Doch – doch ... auch der berühmte alte Chinese Ssunds sagte (Zeigefinger rutscht auf Frage 20 vor)..."

„Höha'n Se bloß auf! Sie mach'n die Sache nua noch schlimma."

Merket hier:

„Alles Übertreffen ist verhaßt. Aber seinen Herrn zu übertreffen, ist entweder ein dummer oder ein Schicksalstreich. Die Vorgesetzten mögen wohl, daß man ihnen hilft, jedoch nicht, daß man sie übertrifft.... Eine glückliche Anleitung ... geben uns die Sterne, welche, obwohl Kinder der Sonne, doch nie so verwegen sind, sich mit ihren Strahlen zu messen." (Balthasar Gracian, Feldkaplan, anno 1647)

Hastig springt jetzt Langher, der zweite Heeresfliegeroberst, in die Bresche.[2] Wild wischt er sich Achselhöhlen und tropfende Stirn. Dann singt er das Lied davon, wie eben das „Feuer" der „Bewegung" davongelaufen sei....:
„... und Prometheus, Herr General, hat den Menschen einst

---

2) Heeresflieger treten seither meist paarweise auf. Meist ist es richtig, sie mit „Herr Oberst" anzusprechen.

das Feuer gebracht. Nach den griechischen Mythen versprach er, wiederzukommen.... Vielleicht, Herr General, vielleicht ist es das..."

Der General aber erwacht merklich erfrischt: „Ah, v. d. Socken! Sagen Sie mal, wie heißen Sie denn nun eigentlich? Ach Blödsinn, natürlich v. d. Socken. Ja, das habe ich mir doch gleich gedacht – Meine Herren! Tun Sie was! Was Sie zu tun haben, wissen Sie jetzt! Die Zukunft des Heeres liegt in der Luft!"

Merket hier:

„Deshalb ist der Feldherr ungestüm wie der Wind, ruhig wie der Wald; er bricht ein und verwüstet wie das Feuer; er ist unbeweglich wie der Berg, undurchdringlich wie die Finsternis, seine Bewegung ist wie ein Donnerschlag." (Ssunds, um 600 v. Chr.)

Und immer noch kramt Langher in seinem Exposé nach Knüllern, schwitzt wie ein Reserveoffizier. Oberstleutnant Debby, sein S 3, hat ihm die Geburtstagsliste des hohen Stabes eingepackt....

Des Khevenhüllers Observationspunkte
zur
Conduite derer Officirer

(Ludwig Andreas Graf v. Khevenhüller, Kaiserlicher Generalfeldmarschall anno 1739)

Der **Obristlieutenant** *hat dem Obristen an die Hand zu gehen und sich in allem wohl verstehen und sich so viel als möglich nach dessen Humeur zu richten.*

Der **Oberst** *solle den General flattieren und selbigen in demjenigen, so er von ihm begehrt, getreulich rathen.*

Da er seines Ampts nicht zum besten Meister ist, soll er sich nicht schemen, von denen, die unter ihm sind, zu lernen.

Die **Herren Officirs** *sollen sich befleissigen allezeit mit Höheren umzugehen und sich also zu produciren, daß sie der Generalität bekannt werden.*

Dann ich öffters stattliche Officirs gekannt, welche zu keinem Avancement gelangen können, weilen man von ihnen nichts gewußt, indeme solche sich nirgends produciret.

Ich sehe täglich, daß gar hübsche Officirs seynd, welche ihre Dienste, und so zu sagen Handwerk, sehr gut erlernet haben, wissen sich auch wegen ihrer Geschicklichkeit in alles zu finden; hingegen in PRACTICA wenig oder gar nichts gesehen, obwohlen ihre Schuld nicht ist, sondern an der Gelegenheit manquiret.

Wann nun selbige sich nicht beflissen hätten, mit alten Officirs umzugehen, sich auch selber nicht informieret, gelesen, oder davon reden hören, so hätten sie gar weder eines noch anderes erlernet, ja nicht einmal eine rechte Idee davon.

Es ist gewiß, daß in etlichen Jahren, da man in der INACTION stehet, viele Sachen, auch von alten Officiers, die viel practicirt, vergessen seyn werden.

Bildungsprüfungen

„Auswahl und Ausbildung der Vorgesetzten bestimmen den inneren Zustand der Bundeswehr...."
(ZDv 10/1, „Hilfen für die Innere Führung")

Reine „Bildungsprüfungen" gibt es heute in der Bundeswehr nicht mehr:

„Am 8. Mai kündigte der Inspekteur des Heeres den Unteroffizieren seines Befehlbereichs an, daß die im Heer bis dahin vor der Beförderung zum Feldwebel abzulegende Bildungsprüfung II in Zukunft entfalle", sagt der Jahresbericht des Wehrbeauftragten 1975. Damit entfallen alle die interessanten „Testfragen aus der Truppe" zum Allgemeinwissen der Feldwebelanwärter. Aber von 1956 bis 1974 hatte man zweifellos noch freies Fragen als Ausbildungsleiter von Rekruten, von Unteroffizieranwärtern. Und Prüfoffiziere an den Annahmestellen dürfen natürlich heute noch...

1956 ging man mündlich persönlich vor nach dem „Qualitätsinterview". Und zwar a) nach vorgeschriebenen, b) nach freigezielten Fragen.

Hören wir dazu Major Stummelwerfer 1956 als Prüfoffizier an der Annahmestelle Regensburg, wie er kriegsgediente alte Markomannen aus den Tiefen des bayerischen Waldes prüft; zunächst vorgeschriebene Fragen:

„Und", – es war empfohlen worden, die Fragen so beiläufig wie möglich, also mit verbindlichem „und" zu beginnen – „und, welchen Wahlspruch würden Sie sich für Ihre Kompanie wünschen?"

– „Mai' Wahlspruch wär allsdann: Auf gehts Buam!" – Urteil: „Gut geeignet".

„Und, – wann finden Sie, daß ein Vorgesetzter seine Befehlsgewalt mißbraucht?"

„... ja mei, also das war so: da sagt der Spieß zu mia:

Meyer, sogt a, Meyer, b'schaffen'S ma auff hait abends a Mensch ... no, meine Herrn,..."

Urteil: „Gut geeignet"

„Und, – was halten Sie denn von dem Film ‚08/15', er ist ja gerade herausgekommen?

„Ja mai: übertrieben – übertrieben ... maßlos übertrieben..."

„Und, – wieso das?"

„Na, meine Herren: einen solchenen großen Pinkelbogen ... übertrieben, maßlos übertrieben..."

Urteil: „Steht den Massenmedien kritisch gegenüber – gut geeignet!"

„Und, – wie würden Sie sich eine Reform der Streitkräfte vorstellen? Was sollte anders werden?"

„Ja, – sehr gut, daß 'S mich danach fragen. Also, das darf nicht mehr vorkommen: Lieg i da auf VB, als vorgeschobner Beobachter der Ari, na rechts von Agram war's ... ich, – von Kapitulation nicht verständigt! Über Täler und Höhen marschiert, bis ich auf einer Alm eine Sennerin traf, was nicht ohne Folgen blieb.... Meine Herren: von da ab nur noch im Tal marschiert..."

Urteil: „Untauglich für Gebirgstruppen, Vorschlag: Heeresflieger"

Nun die gezielten Fragen:

„Und, – jedesmal, wenn Sie sich der Front auf 300 km genähert haben, bekamen Sie diese Darmgeschichten. Waren Sie eigentlich jemals als Vorgesetzter eingesetzt, immerhin waren Sie ja Feldwebel?"

„Freilich: bei Caen, da hatte ich nacha die Oberaufsicht über die Verdunkelung und Zimmerreinigung. Mir unterstanden da drei Putzfrauen und ein Gefangener. Die Putzfrauen gingen für mich durchs Feuer. Eine schreibt mir heute noch...."

Urteil: „Bei Bedarf geeignet"

Auch für seinen „Vorbereitungslehrgang für Stuffze", dem Aufgalopp für den Feldwebellehrgang, hat Major Stummelwerfer noch freies Fragen. Noch geht dem Lehrgang die „Bildungsprüfung" voran.

„Mal herhören", Major Stummelwerfer faßt zunächst mal sein Ausbildungspersonal zusammen. „Mal herhören: dieser Lehrgang soll Wissenslücken schließen ... müssen wir sie also erst mal finden ... die Lücken. Klar: ein Lehrender, so sagt man heute, ein Lehrender geht aus von der Ausgangslage. Nichts Neues für uns als Taktiker. In der Ausgangsphase werden die Vorkenntnisse getestet, die Lernmotivation beurteilt. Verstanden? Und Sie, Fähnrich Telligent, als angehender Psychologe, Sie werden mir einen Fragen-Katalog vorlegen. Fragen, aus denen wir dann leicht werden feststellen können, wo die Lücken liegen...."

„Ein Lehrender geht von der Ausgangslage aus, testet die Vorkenntnisse, beurteilt die Lernmotivation."

Eingangstest zum Vorbereitungslehrgang
für den
Feldwebellehrgang
zusammengestellt durch Immanuel Telligent
Fähnrich der Reserve

1. Kunstverständnis

a) „Seelenachse" nennt man das in die Länge gezogene Löchlein im Rohr des Gewehres G 3.

„Ein Loch als solches, kann enorme Formbedeutung gewinnen, wie eine solide stoffliche Masse", sagt der englische Bildhauer Henry Moore. Was sagt Ihnen, als militärischem Ausbilder, diese Aussage des britischen Künstlers, wenn Sie der Seelenachse ins Auge sehen?
Hilfsmittel: Seelenachse (ÜB), auf Anforderung.

b) Beschreiben Sie diese Kartoffel!
Hilfsmittel: „Sieglinde", vollbauchig, fahlfarben, rauhhäutig, Gütekl. II.

2. Deutsch

a) Eine Fachzeitschrift meldete:
„1964 wanderten zu Bonn am Rhein die Admirale so zahlreich wie lange nicht gesehen. Die meisten verschwanden und wir wissen nicht, wohin sie gereist sind. Einer wurde erst nach vierzehn Tagen in 118 km Entfernung ziemlich verwahrlost, aufgefunden."
Entwerfen Sie, als Gehilfe des Presse-Offiziers, ein Dementi der Bundes-Marine! Hilfsmittel: keine

b) „Lieblich war die Maiennacht, Silberwölkchen flogen."
Diese Wettermeldung von Nikolaus Lenau ist so umzusetzen, daß sie der „Offizier vom Sprungdienst" beim „Briefing" vor dem Nachtspringen bekanntgeben kann!
Windstärke in Knoten!
Hilfsmittel: Balladenbuch von Avenarius.

3. Verhaltensforschung

a) „Über die Alpen kamen die Elefanten Hannibals und die Bullen des Papstes." – Welcher dieser Säuger hatte größeren Einfluß auf die Ausbildungsvorschriften der Bundeswehr?

Hilfsmittel: Kartenwerk des Touring Club Italiano

b) Dinosaurier hatten nach letzten Erkenntnissen der Wissenschaft zwei Gehirne: eines im Kopf, das andere aber im Gesäß. Sie sind trotzdem wegen allzu großer Dämlichkeit ausgestorben!

Sehen Sie hier Gefahren für die Bundeswehr? Welche?

Hilfsmittel: HDv 100/200, „Führungssystem des Heeres"

4. Kleine Truppenpsychologie:

a) Glauben Sie, daß man aus Gesichtern auf Namen schließen kann?

Hilfsmittel: Hauptmann Seltenfröhlich

b) Nach einer bisher unveröffentlichten Erkenntnis des Wehrbeauftragten hat sich bei trotzigen Wehrpflichtigen als besonders aggressionshemmend erwiesen: das Falten von Stanniolstreifen während der Dienstzeit.

Wie erklären Sie dieses Phänomen? Folgerungen?

Hilfsmittel: „Soldat und Technik", 1967, S. 76 ff.

5. Logik

a) Schon wieder haben die Forscher Dr. Donald Johnson und Dr. Mauri Taieb im Gebiet von Hadar Knochen gefunden, und obwohl diese dem „Missing Link", dem fehlenden Zwischenglied zwischen Mensch und Affe, zugerechnet werden müssen, wird doch vermutet, daß es sich bei diesen Knöchlein bereits um Angehörige des Öffentlichen Dienstes gehandelt haben dürfte. Welche Erkenntnisse sind es, die Ihrer Meinung nach für solche Theorie sprechen?

Hilfsmittel: Beliebig

b) Im Kaiserlich-Königlichen Heere Österreich-Ungarns galten 1884 für den Bau von Biwak-Latrinen folgende Richtlinien: „es ist ein 1 m tiefer Graben, an der Sohle 0,60 cm breit, auszuheben und mit einem Sitzgeländer zu versehen. Für je 100 Mann sind 2,5 m laufende Sitzfläche vorzusehen." (Alles gem. „Handbuch für Offiziere des Generalstabs" nach Dienstvorschriften unter Mitwirkung einiger Kameraden bearbeitet von Anton Springer, Wien 1884 bei Seidel & Sohn)

Sehen Sie für Stabsoffiziere und das nichtspringende Beschlagschmiede- und Sanitäts-Personal der Luftlandeschule Zuschläge vor? Welche?

Hilfsmittel: Wachmann Schlotterbeck, Wach- und Schließgesellschaft „Alter Hahn", Stabsgefr. a. D.

6. Gefechtsdienst:

a) Benötigen Fallschirmjäger außer dem „Verzurr" –, noch zusätzlich einen „Kampf-Plan"? Begründung!

b) „Das Kriechen muß nicht nur nach vorn, sondern auch rückwärts geübt werden!"
Glauben Sie, daß dieser Auftrag aus der „Turnvorschrift für die Infanterie" vom 3. Mai 1910, Nr. 77 (gez. Wilhelm), in der Bundeswehr genügend beachtet wird? Begründung!

7. „Innere Führung":

a) Nach bedeutsamen Fußballspielen werden den Akteuren nach gelungenem Kampf Kleidungsstücke entwendet.
Worauf führen Sie es zurück, daß Kommandeuren in der BW, z. B Ihrem Bataillonskommandeur, auch nach so rühmlichen Manövern wie dem „Ulmer Spatz", weder Kampfhemd (Trikot, pers. oliv, Überlänge) noch die Unterziehwoll-Plüschhose (pers. oliv, knielang), obwohl doch von besonderem Sammlerwert, geraubt wurden? Fehlende Motivation? Kadavergehorsam?

b) Manche Leute glauben, daß eine Beherrschung der „Kür am Schwebebaum nach Major Dithfurth", Voraussetzung für die Qualifikation zum Bataillonskommandeur sein sollte.
Welchen Test schlagen Sie vor?

Der Major verwirft den Vorschlag des Fähnrichs Immanuel Telligent, diesen bereits auf wissenschaftlicher Basis zusammengestellten Fragen-Katalog des lernzielorientierten Testes.... „Laß ich lieber noch Kreuzvorträtsel lösen – in Gruppenselbstarbeit! Infanteriespitze: Tête; Ersatzteillager: Depot; Dienstgrad: Major; Name dicken Geschützes: Berta; oder unter „4 waagerecht": öffentliche Dame, vier Buchstaben..."

Der Major sucht nach anderen Effizienzkontrollen, sucht ein Thema für einen Hausaufsatz.... Und er hat Glück.

„Hahaah-ha", leitet Oberstleutnant v. d. Socken, der Taktiklehrer, wie üblich nach dem „gemeinsamen Offiziermittagstisch" zu seinem Cognacschwank aus feldgrau-mythischer Militärzeit über. „Hahaáh-há!". Oberstleutnant v. d. Socken vermag auch beim Lachen Akzente zu setzen.

„Meine Herren: kurzes – militärisches Gelächter, ‚ha-ha-ha', das war mal. Wir müssen heute auch beim Lachen Schwerpunkte bilden!"

„Hahaáh-há", v. d. Socken schlägt mit der flachen Rechten auf die geballte Linke(!). Kasino-Knüller im Kommen ... schon in der Platzrunde ... auf Landung lechzend ... „Hahaáh-há, – wie lautete noch das Thema unseres Prüfungsaufsatzes zur Fahnenjunker-Prüfung an der Infanterieschule Dresden ... war am ... warten Sie mal ... ja, am 17. Januar 1935 ... jetzt hab' ichs:

‚Welche Gründe sind auch für Sie dafür erkennbar, daß moderne Heere heute immer mehr anstelle des Pferdes die Motorisierung einführen?'
Hahaáh-há ..."

Und Major Stummelwerfer hat das Thema für seinen „Hausaufsatz": „Welche Gründe sind auch für Sie dafür erkennbar, daß moderne Heere heute immer mehr anstelle des Fallschirms den Hubschrauber einführen?"

Er kommt keineswegs auf seine Kosten, der Major. Kaum etwas von dem Geschreibsel kann er für seinen Artikel in der Militärzeitschrift „Truppes letzte Hose" verwenden! Entsprechend die Zensuren:

Bei Stuffz. Seldmaier:

„Was fällt Ihnen ein? Sie wollen das Fallschirmspringen abschaffen? Fallschirmspringen weckt, fördert und erhält immer noch so manche soldatische Tugend, sowie die Springerzulage! Die taktischen Möglichkeiten von ‚Hubschraubern am Fallschirm' wurden nicht erkannt! Jeremia 6.8. [1]) gez. Stur."

Bei Stuffz. Duttmoser:

„Thema verfehlt! Springen bleibt notwendig! Wie sonst, wollen wir Absetzer ausbilden? Schlechte Schrift! Das Lesbare ist unbrauchbar, Das Brauchbare unleserlich! Sprüche Salomonis 6.6. [2]) gez. Stur."

Bei dem Kommandeur, dem „a. A." [3]), melden sich darauf: Franz-Josef Remmele, Rektor der Hauptschule a. D., Deutsches Kreuz in Gold (65) und Siegfried Sauertopf,

---

1) „Bessere dich, Jerusalem…"
2) „Gehe hin zur Ameise, du Fauler, siehe ihre Weise und lerne!"
3) „a. A." Völlig falsch. a. A. = alter Alfred.

Oberstleutnant a. D., Inhaber der rumänischen Gasschutz-lehrgangs-Medaille und anderer hoher Kriegsauszeichnungen (57). Tief gekränkt über ihre Zensuren überreichen sie die Absage zum diesjährigen „Veteranenschießen". Stuffz. Bolzengradt meldet sich krank. Welch häusliche Tragödie mag sich in der Siedlung abgespielt haben, im Getto der „Bundesbediensteten", bis sich Frau Elfriede, seine Gattin, entschloß, nachstehende Anzeige in den „Pfaffenwinkelboten, Ausgabe Land", einrücken zu lassen:

Suchanzeige!

ENTFLOGEN

Schön gefaltete PAPIERTAUBE enthaltend die
STUDIE
meines Mannes über die Zukunft der
LUFTLANDETRUPPE
Abzugeben gegen Belohnung. Vor Mißbrauch wird
gewarnt.

Von der Bildung der Kriegsleuth

„*Es kann nichts wahrhafftigers, nichts glückseligers, nichts löblichers in einem Reich seyn, als gelehrte Kriegsleuth!*" (v. Wallhausen, Feldobriste, 1615)

49

Des Weybels Ampt vnd Verrichtung.
Cap. IV.

Ein Weybel soll Versucht/Hurtig/vnd Wachtsam sein/ vnd ist von nöten/das er drey qualiteten an jme habe/das er ein Politischer/Verständiger/vnd Hertzhaffter Mañ seye.

Er solle die Zahl der Soldaten vnder seinem Fähnlein / vnd wie vil er Spießknecht/Musquetierer/Hallebardier/vnnd andere/da derselben darunder seindt/haben mögewohl wissen.

Auff zutragende Fähl vnd Gelegenheiten/ solle der Weybel sich wissen der jenigen/ so vndersich streittig gewesen / zu erinneren/das er selbige nit hinder einander stelle/ damit sie einander auß Boßheit oder Rachgierigkeit/nit ertödten.

Er solle die Häuffen zu gleich abtheilen/vñ die einer Landsart sein/von einander absondern/damit kein vbels darauß entstehe.

Er mache sich vom Obersten Wachtmeister zu lieben/ seye im Gehorsam/vnd besuche in offt.

Er solle schreyben vnd leßen können/viler sachen wegen/die mann auff zeichnen muß.

Et spatiere offt Nachs in dem quartier herumb / vnd horche allenthalben zu/wann es im Feldt/oder in Kriegsleüffen ist.

Joan de Billon, Obristlieutenant,
Tapfferer und frantzösischer Ritter
Basel, 1613.

51

Herbst-Manöver „Grimmer Heuberg" 1958
Befehlsausgabe

„Befehle sollen überzeugend sein; deshalb muß sich der Befehlende in die Lage der Empfänger versetzen.... Der Untergebene hat die Pflicht, sich in die Absicht des Vorgesetzten hineinzudenken. Ist ihm diese unklar, so hat er es zu melden ... außerdem kann es zweckmäßig sein, wichtige Maßnahmen vorzubereiten und auf Stichwort auszulösen...." (HDv 100/200, „Führungssystem des Heeres")

Konz, Oberstleutnant (42), stellte eines der ersten Bataillone der Bundeswehr auf. Wie alle Kommandeure der ersten Stunde, handelte auch Konz getreu der Weisung des Staatssekretärs Kumpel: „Verfahren Sie, meine Herren, bei allen Neuaufstellungen nur getrost wie bei Gründung des Klosters Hirsau!" Und kaum war der Aufstellungsbefehl „Seiner Heiligkeit" eingetroffen, siehe, da machte sich auch Konz, vom Stamme „oller ehrlicher Fallschirmjägers", ganz heiter ans Beten und auf, Freiwillige um sich zu sammeln. Nicht lange, so war er in der Lage an einsame Erbhöfe und schwachbevölkerte Schwaigen eine Anzahl niederer Laienbrüder für die gemeinen Aufgaben des Melkens und Mistens zu verschenken, wofür dann seine Ordensbrüder in Torfen und Moosen ihre strengen Exerzitien abhalten durften. Denn es gab noch keine Standort-Übungs-Plätze!

So gewann dieses Fallschirmjägerbataillon spielend Einfluß auf die „Allgäuer Käsebörse". Auch die ersten Feldkochlehrgänge in der blutjungen Bundeswehr rief der begabte Kommandeur ins Leben. Er ließ sie im „Dragoner"abziehen, unter Leitung des Küchenchefs, Obergefreiten a.D. Gurgasser, ehem. Feldkoch der „Neunten-Vier". Denn es gab noch niemanden, der die Handhabung der US-Kochgeräte beherrscht hätte.

Alles das, wie wir sehen, schöne Zeichen erfolgreicher Bataillonsführung, von Initiative und Verantwortungsfreude, nicht wahr.

Da verliert Konz durch ein bedauerliches Mißgeschick den erst jüngst geworbenen Längerdiener Gefr. Häfele, seinen Fahrer. Der Divisionskommandeur, Generalmajor Onserock hat ihn ganz einfach und fristlos entlassen. Denn es gab noch immer keine Disziplinarordnung für die Bundeswehr.

„Hat sich, obwohl für das Schihüttenseminar der Kommandeure der 1. Luftlandedivision als Ordonnanz eingeteilt, derart betrunken, daß er den zu diesem Zweck am Fuße des gemeinsamen Matratzenlagers aufgestellten Eimer als einziger verfehlte und sich statt dessen eines Stiefels bediente. Erschwerend wirkt, daß es sich dabei um den linken Springerstiefel des amerikanischen Verbindungsoffiziers, Major Marx, handelte."

Es gab eben Anfang 57 noch immer keine „Disziplinarordnung" für die BW. „Freund und Helfer" sei der Offizier seinen Soldaten, verlangte die alte Vorschrift, nach der Kontz noch erzogen und ausgebildet war. „Freund und Helfer, das wenigstens, meine Herren, wünsche ich in die BW tradiert zu sehen!"

Und nun Häfele ... Oberstleutnant Kontz hat seinem General, einer grauen ragenden Heldengestalt, die Entlassung seines Häfele nie verziehen ... auch wenn er jetzt mit seinen Manipeln den ersten Manöversprung der jungen BW zelebrieren darf ... 1958...

„Meine Herren", beginnt er seine „Große Befehlsausgabe für den Vorausangriff auf den Großen Heuberg aus der Luft". „Meine Herren, — wir springen morgen vor den Augen unserer höchsten Vorgesetzten: Der Minister, Staatssekretär, Inspekteur, — auch der Divisionskommandeur — (der meinen Häfele entlassen) ... Was'n los? Wie meinen Sie? Der Bundespräsident? — Kann Sie beruhigen, — der fehlt entschuldigt.... Daß mir die Leute einen frischen Eindruck machen. Der General, Springerschein der alten Wehrmacht Nummer 2, (auch Häfele war Springer), liebt einfache und doch klare Meldungen. Sauberes ‚Sichaufbauen' bitt' ich mir aus (und Häfele entlassen, — dieser stramme Exerzierer). Gleich nachher nochmal üben das, — vor dem Sprung. Haben die Leute gleich was zu tun. Meine Herren: ‚Ich habe exerziert. Ich exerziere. Ich werde exerzieren!' — Von wem ist das? Na—?" — „Von Ihnen, Herr Oberstleutnant!" — „Na ja", er lächelt geschmeichelt, „na ja, — das natürlich auch, — aber: hat Friedrich der Große gesagt, — als ihm der Soldatenkönig ein Regiment anvertraute.

So, – ich gebe jetzt die Lage bekannt. Meine Herren! Feind: ideologisch geschult, angriffslustig, geht ran wie Blücher an der Katzbach. Na, – wie eben der Iwan so ist. Wissen wir ja noch vom Mittelabschnitt der Ostfront und so ... In Wirklichkeit ist das natürlich der Oberstleutnant Mauke, das alte Arschloch, mit seinem miesen Bataillon von der Kampfgruppe A 9. Kenne ich noch von Gardelegen neununddreißig. War da Adjutant bei Cognakschulz. Keine Gefahr für uns, der Mann, mit seinem verkommenen Haufen. Schlappe Nichtspringer, immer noch. Höchstens noch der Graf Steinhäger mit den paar Knülchen vom BGS. ... Aber auch nur, wenn die gerade mal nüchtern sind... Der Mauke aber, – ja das muß ich noch erzählen, – ganz schnell: Stellen' sich vor: Heldengedenktag 39! Wir schwer gefeiert, die Helden hochleben lassen. Hinterher noch Ulanendenkmal gewürdigt. Alle Mann rauf. Satteltrunk gereicht. Nun, – der Oberleutnant Freiherr von Eau de Vie, der Oberleutnant v. Flotto, der Mauke und ich ... Was is'n los? Wollt Ihr die Geschichte nu hören, – oder was is?'' ,,Doch – doch, natürlich...'' – ,,Na also, sprach Zahnarzt Tustra. Also wir auf dem Ulanendenkmal, und der Veteran will nicht mitsingen ,Aufs Pferd Kameraden, aufs Pferd, aufs Pferd' ... – ,,Gallensteins Láger'', ödet Leutnant Hellwig. – ,,Stören Sie die Befehlsausgabe nicht Sie Herr, Sie ... chmhm ... Sie ... Und weil der Ulan nicht mitsingen wollte, hat ihn der Mauke, der blöde Hund, gehauen. Dabei gleich noch den Tankwardt von Eau de Vie und den Flotto vom Pferd geworfen. Mann, – wo deren Vorfahren seit Generationen bei der märkischen Kavallerie gestanden haben, – zusammen mit den Stechlins... Und dann noch die Lanzenspitze abgebrochen ... nicht ,sich', Quatschkopp, – von dem Ulan.... Am nächsten Morgen: ,Es muß einer von Ihrer Kompanie sein, Herr Oberleutnant', sagte der Gendarm, ,hier das Wäschezeichen, – am Taschentuch'. Und nun Mauke: ,Kompanie herhören, ganz große Gemeinheit, – vortreten, der Mann ... Ha, – so was Hundsgemeines! Feige is' er auch noch!''

,,Ha-ha, der Mauke'', schreit Major Huber, Ed, vorzeitig zum ,,Silber''-Löwen gewordener Abwehrrecke von Messina 1943, ,,ha-ha, der Mauke morgen unser Gegner! Der hat doch im Winter zweiundvierzig-dreiundvierzig mal als Abendmeldung einfach durchgegeben: ,starke Kettengeräusche'. Schon wurd' er wieder angesch... ,Bitte mir vorschriftsmäßige Meldungen aus', verlangte der General Heidrich, ‚Vermutungen sind als solche besonders aufzuführen!' Ha-ha, da hat der Mauke gemeldet: ‚starke Kettengeräusche aus Schneise von Nikitinki mir gegenüber. Kommen näher. Vermutlich Ziehbrunnen!"

Inzwischen hat Hauptmann Paule Wischmann, ein gewaltiger Lügner, vielleicht sogar der größte in der ganzen Fallschirmartillerie, längst mit eigener Geschichte aufgewartet, – halblaut für die Nächstsitzenden: „Hahaaa, – da wurde uns am Sangro, noch im Sommer vierundvierzig, so'n Kriegsrichter zur Frontbewährung zukommandiert. War bei der Urteilsfindung besoffen, oder so … Den haben wir gleich übernommen, – die ganze Nacht. Fast hätte uns noch der Ami geschnappt. Die Batterie war schon angetreten, da hatten wir ihn wieder sauber. Auf 'ne ausgehängte Tür gelegt, – und aufgerichtet. So habe ich ihn langsam auf- und der Batterie vorgestellt…. ‚Ein Korpsstudent säuft und steht', schrie er noch, da ließ ich ihn los. Als Aufschlagzünder hat er seine Batterie übernommen."

Jetzt mischt auch noch der Schiedsrichter, Major Gröhler, mit einem Histörchen mit: „Uhaaa", gähnt er lauthals, so den Oberstleutnant Freiherr v.Chamois, IIa und Personaloffizier der Fallschirmjägerdivision auf dem Kriegsschauplatz „Süd", nachahmend, „uhaaa, – Fallschirmjäger mal alle herhören: uhhaaa, – Fallschirmjäger müssen, uhaaa, frische junge … uhaaa … Leute sein … uhaaa … Adjutant, haben wir den Leuten heute sonst noch was anzusagen, uhaa?" „Nein, – das war alles, Herr Oberstleutnant!" – „Na, – da lassen Sie eben noch ein kleines Hurrah ausbringen, uhaaa…"

„Ja, – und dann", auch Hauptmann Seltenfröhlich beendet seine Geschichte, „und dann kam da der Befehl an meinen Zug: ‚Der Staat San Marino ist zu entwaffnen…"

„Wohl alle verrückt geworden! Genug jetzt! Ich erzähle Ihnen das alles doch nur, damit Sie sehen, was der Mauke als Feind für ein inferiorer Gegner ist. Herhören: daß mir heute nicht mehr gesoffen wird!

Die Wachtparade steht morgen früh präzise 10 Uhr am Spritzenhaus, in allen Stücken rein und propre, und sollen die Kompanien darauf sehen, daß sie nicht, wie letztens, besoffen kommen!

Das, meine Herrn, war die Parole für die Garnison Potsdam am 9. März 1752! Also keine gemeinsamen Sachen mehr mit den Unteroffizieren! (Ja, – auch Häfele hat mitgesoffen: Fristlos entlassen!")

„Aber hait abents", gibt der Artilleriekommandeur, Egon v. Hymen, weanerisch-charmant zu bedenken, „hait abends sa ma noch aingladen durch den französischen Blatzkommandantn.... No, – wür solln holt aingfühat wean ... bei da Madame ... no, – dü daitschen Kommandöre holt ... nochanand..."

„Also: erste Kompanie, Hauptmann Halm, Landeplatz ‚Romeo', nimmt kleinen hohlen Fels. Sehen Sie zu, daß Sie dem Mauke die Kraftfahrzeuge klauen, wie Ramcke in Afrika. Fahrer schnappen! Eigene drauf! (Und mein eigener Fahrer, Häfele, alle Scheine, – einfach entlassen!)..." Er stockt. Es ist klar, daß ihn Häfele mehr beschäftigt. Nachdenklich fährt er zur Nase und fort: „Man könnte vielleicht ... ach machen Sie doch mal weiter!"

Der Stellvertreter, Major Klüter, übernimmt nahtlos: „... und Schanzen! Daß mir echt geschanzt wird. Ich will die Mörser diesmal in der Erde sehen!" – „Schanzen, meine Herren", unterbricht Kontz schon, „der Iwan, da haben wir alle gestaunt, der Iwan, der hatte einen Spatenwerfer, nicht größer als so ... (Spaten...?) Ha, – ich habs! Hört doch mal alle her: Da kommt doch morgen, wenn wir weg sind, der Divisionstab in unser Waldstück..."

– „Herr Oberstleutnant, können wir nicht erst die Befehlsausgabe...", mahnt Klüter.

– „Nein-nein, – laß man ... Man könnte denen doch..."

– „Herr Oberstleutnant, ich darf doch bitten, daß..."

– „Ach was, – also, wenn diese feinen Herrn hier einfallen, da werden wir alle noch mal ganz schnell..."

–„ Herr Oberstleutnant, – ich muß doch sehr bitten, Ihrem Befehl die notwendige Würde..."

– „Ach, das ist doch alles Quatsch! Machen wir doch mit Links.... Aber das andere, das eilt jetzt. Also, – wir sind 500 Springer, dazu noch alle die vom Troß ... da müssen dann aber die Offiziere darauf achten ... daß die vor dem Sprung alle noch mal ... und dann natürlich hier, wo der Rechtsberater und der G 1 ... das gilt natürlich auch für die Artilleristen und die Pioniere, – früher hat da der Landsturm ... Ihr Armleuchter, – das ist nicht zum Lachen ... Am Wolchow, da..."

„Meine Herren! Ich fahre jetzt fort mit der Befehlsausgabe für den Luftlandevorausangriff auf den Großen Heuberg", Major Klüter räuspert sich autoritär. „Noch Fragen", will er dann wissen. – „Jawohl, – das Kennwort, – die Parole!"

„Parole Ssuworow", schreit der Kommandeur aus dem Wald.

Höret dazu den russischen General vor der Schlacht an der Trebbia am 15. jun. 1799, in dem er das französische Heer unter Macdonald besiegte:

Armeebefehl:
1. *Die feindliche Armee wird gefangen genommen!*
2. *Die Kosaken werden tüchtig zustechen, doch wäre dies grausam im Falle die Franzosen „Pardon" rufen.*
   Die Kosaken rufen bei der Attacke „Balesarm" und „Jettelsarm" (Bas les armes, jettez les armes). Dies benützt die Kavallerie und haut tüchtig ein.
3. *Den Generalen, die an den sie umgebenden Suiten zu erkennen, rufen die Kosaken „Pardon" zu; ergeben sie sich nicht, so machen sie sie nieder!*
4. *Das Kommandowort „Halt" soll nie gehört werden. Dies Wort gilt nur für den Exerzierplatz.*
   In der Schlacht gilt nur „Hieb! Stich! Tambour! Musik! Hurrah!"

gez. Ssuworow

Zur selben Zeit weist Generalmajor Onserock, der Divisionskommandeur, sein Leitungspersonal ein: „Meine Herren! Glauben Sie ja nicht, daß das diesmal so kommt, wie früher gehabt! Wird alles bestimmt ganz anders ... vielleicht sogar umgekehrt ... vielleicht sogar noch schlimmer..."

Generalfeldmarschall Graf York von Wartenburg
über
sein **Preuß. Fußjäger-Regiment,** *das er 1799 über-*
nommen.

„Die Leute dieser Truppe aber meinten, doch etwas anderes zu sein, als die Gemeinen der anderen Regimenter....

So gab es ein nicht eben harmonisches Gemisch verschiedenartiger Gestalten; neben den jungen und frischen Burschen auch Bejahrte genug, welche sich ganz besonders angelegen sein ließen, den jungen Zuwachs in die ‚Besonderheiten der Jägerei' einzuweihen.

Namentlich aber war auch die Abneigung gegen das Exerzieren durchgehend und es gehörte zu den Vorrechten des Regiments, sich mit den Dingen der soldatischen Dressur nicht viel quälen zu lassen.

Man hatte immer noch die Autorität des großen Friedrich für sich, der allezeit streng darauf gehalten, daß die Jäger bei der Parade **nicht** *in Reih und Glied vorüberzogen, sondern in bequemen Haufen. Und als der Obrist Des Granges, ihnen doch den Paradeschritt beigebracht hatte und sie mit demselben dem Könige vorüberführen wollte, da hatte der alte Herr den*

Krückstock gehoben und gerufen: Wollt ihr wohl auseinander, ihr Schächer!

Um nichts besser waren sie beim Manöver. Weder wußten die Führer, was die mit ihren Jägern, noch die Jäger, was sie mit dem Feind machen sollten. Von einem Eingreifen in die allgemeine Disposition, war keine Rede. So überließ sie selbst der Hauptdirigent der Übungen, General Rüchel, ihrem Schicksal und zog sich regelmäßig mit dem Witz aus der Affaire: sie seien halt wie das wilde Heer; man müsse sie sich austoben lassen!

Die älteren Offiziere dieses interessanten Korps, bis in die Leutnante hinab, waren teils noch aus dem alten Urstamm, teils ihr lebenlang nur bei dieser Truppe gewesen. Und aus den Bräuchen, die sich jene als Junker und Leutnants im ,Siebenjährigen Kriege' angeeignet, hatte sich ein Ensemble von Dienst- und Umgangsweise gebildet, die von den Umwandlungen in der Armee unberührt geblieben schien. Nicht als ob sie nicht brave, erprobte Männer gewesen – die meisten hatten den Orden – und jeder hatte diese oder jene tapfere Affäre zu erzählen. Auch wußten sie wohl, bei Gelegenheit zu pürschen und mit schnellem Schuß sicher zu treffen. – Aber das Ganze hatte etwas Sonderliches, und auf jeden einzelnen kam ein gut Teil davon. ...."

Schwächen

„Auch der Beste und Tüchtigste kann Schwächen aufweisen" (HDv 100/100. „Führung im Gefecht")

In der letzten Beurteilung findet sich bei Oberstleutnant v. d. Socken unter der Rubrik **„Schwächen"** der Vermerk **„Praktiker"**. Weiter heißt es unter **„Vorschläge zu ihrer Beseitigung"**: „Tätigkeit im Truppenamt wird Früchte tragen".

Bald brütet v. d. Socken in diesem hohen Stabe am Rhein, findet schnell Gefallen an der Lieblingsbeschäftigung unserer Referenten und Dezernenten, der „Mitprüfung"…. Und schon kommt da auf Sandalen, in Zivil, eher schlurfend, aber im Geschäftsgang, ein „Vorgang" auf ihn zu und will mitgeprüft werden:

Truppenamt   Köln, … 65
Inspektion für Entwicklung der Heeres-Kampfhose und -Socke

Umlauf gem. Mitprüfungsleiste

Als Anlage übersendet die Inspektion den Abschlußbericht über den Truppentrage-Versuch mit verbesserter Feldhose durch Verstärkung der Gesäßpartie. Dauer des Versuchs: 6 Monate

Eine erste Auswertung ergibt, daß von 7 Truppenteilen
– vier die Verstärkung des Gesäßbodens begrüßen,
– zwei diese ablehnen,
– ein Truppenteil geteilter Meinung ist.

Positive Feststellungen:
– die Bewegungsfreiheit ist durch doppelte Stoffauflage nicht behindert;
– Hose kneift oder hängt nicht mehr oder weniger im Schritt;

– kein Wärmestau, keine vermehrte Schweißabsonderung;
– doppelter Gesäßboden verzögert Eindringen von Nässe, hemmt „Wolf"…

Negative Feststellungen:
– keine
Es wird vorgeschlagen, Luftwaffe und Marine zu beteiligen, die Verstärkung des Gesäßbodens auf Teilstreitkraftebene zu heben und auf die Tagesordnung der nächsten Arbeitsbesprechung der Teilstreitkräfte zu setzen.

gez. Peters, Oberst i. G.

Lange wägt v. d. Socken ab. Er tut es, indem er unverwandt auf den Vorgang stiert. So eine Entscheidung fällt nicht leicht und nicht sofort. Darum ja auch die Behaltezeit: zwei Tage! Das ist etwas anderes als so ein Entschluß, so ein frisch-fromm-fröhlich-forscher, mit dem der Hauptmann v. d. Socken einst, dreiundvierzig, in Apulien ein ganzes Fallschirmjägerregiment aus der Ebene um Castell del Monte in die Berge bei Foggia jagte; da war ja nicht nur der Feind, da war auch sein Kommandeur, der dicke Franz, überrascht. Und erst der General Heidrich!
Das ist etwas anderes als so ein Flankenheinrich gemäß 2. Samuel V…[1]). Höchstens noch – ja vielleicht sein nächtlicher Stellungsdurchgang in der Schneise von Nikitinki, bei minus 35 Grad, wo ganze Reitergeschwader zwischen den Stützpunkten durchsickern konnten:
„Leutnant Fritz, Sie sichern nach Norden rechte Grenze, linke Grenze wie ich zeige. Sie, Obergefreiter Moos, nach Süden, linke Grenze, rechte Grenze, wie ich zeige, ja überlappend! Ich, meine Herren, werde in dieser Schneewächte mal ganz schnell…".
„… aber nicht so laut, Herr Hauptmann…"
Was tun? – Er holt sich Rat bei Frau Schläu, der Vorzimmerdame seines Generals:
„Und was, gnädige Frau, raten Sie?
„Zustimmen, immer zustimmen! Schauen Sie nur hinüber nach Bonn: die Verstärkung der Gesäßpartie, sie ist doch heute in aller Munde.…"

---

1) 2. Samuel V: „Du sollst aber nicht geradenwegs hinaufziehen, sondern komme von hinten über sie, daß du kommest gegen die Maulbeerbäume!"

Was? Die hehren Herrn der Hardthöhe? Die mächtigen Mitglieder des Hohen Hauses. Er stutzt. Er tut dies wie von Generaloberst v. Seeckt vorausgesehen:

„Zweifel erheben ihr Haupt. So vieles liegt im Dunkeln. Riesengroß steht die Verantwortung vor dem ringenden Geist."

Er zwingt sich, den Vorgang zu analysieren. Er tut es, indem er unverwandt zum Fenster hinausstarrt, hinüber nach Bonn. Dann verfolgt er nimmermüde die Wanderung seines, intra muros für und für wechselnden, Schattens... „Aha". Beglückt bemerkt er; da gibt's ne Sonnenstellung, da ist der Schatten so lang wie er ... 176 cm ... doll ... Und dann, gegen Abend, als sein Schatten erst zögernd und doch ungesäumt außer Dienst gestellt wird, in einem größeren Ganzen aufgehen darf, da endlich, da ... Doch lassen wir's wieder den Generalobersten sagen:

„Da spricht der Genius sein entscheidendes Wort. Die Faust fällt auf den Tisch. Der Entschluß ist gefaßt."

Er zeichnet ab. Auch er hält es für nützlich und notwendig, daß der Gesäßboden endlich auf Teilstreitkraftebene gehoben werde. Eigentlich war er schon immer dafür.

Mitprüfungsbemerkung des Oberstleutnants v. d. Socken:

„Einverstanden! Aber: Politische Konsequenzen aus doppelter Gesäßpartie? Preußisch-Deutsche Traditionen, die gegen Verstärkung des Gesäßbodens? Militärgeschichtliches Forschungsamt einschalten!"

gez. v. d. Socken, Oberstleutnant.

So ... Auch Peters, der Herausgeber des „Umlaufs" wird mit ihm zufrieden sein. Standen sie doch zusammen im Infanterieregiment „Pottland", in einer Korporalschaft, bei Unterfeld August Rose, des Regiments fähigsten Fingerpfeifer! Ein Pfiff: Peters zu mir! Eine Boulette aus der Kantine! – Zwei Pfiffe: Tellbrügge zu mir! Möchte Ihren westfälischen Knochenschinken kosten! – Drei Pfiffe: v. d. Socken zu mir! Ein Lied! ... So was verpflichtet ... gegenüber Peters, dem Generalstabsobristen

Merket hier:

„Ein rechtschaffener Obristlieutenant muß fleißig seyn und kühn fürtreffliche Thaten ausrichten. Es soll keine Gefahr ihn schrecken und von herrlichen mannhaften Wercken abhalten", spricht der Feldobrist J. J. v. Wallhausen, 1616.

Und wenn heute in der Truppe – bei Heer, Luftwaffe und Marine – wieder trockene Gesäße angetroffen werden – Oberstleutnant v. d. Socken hat seinen stolzen Anteil daran. Solche Qualitäten können selbst Vorgesetzten nicht lange verborgen bleiben, müssen zu einer „Sonderbeurteilung" führen.

Sonderbeurteilung, Oberstleutnant v. d. Socken:
Schwächen: „Aufgezeigte Schwäche ist nicht mehr in Erscheinung getreten!"

gez. Langer, Oberst.

Zusatz des nächsthöheren Vorgesetzten: „Ja! Hat sich schnell eingelebt! Seine ‚Mitprüfungsbemerkungen' zeigen den erfahrenen Konfliktforscher! Die Praxis ist seine Stärke! Sollte sich bald in der Truppe auswirken."

gez. Euphrath, Generalmajor.

Und v. d. Socken wird versetzt. Jetzt hat ihn Oberst Knochenkarl, ihm – vom Mittelabschnitt der Ostfront her – wohlbekannt und -gesonnen, zu beurteilen:

Beurteilung v. d. Socken, Oberstleutnant:
Schwächen: „Sind nicht hervorgetreten!"

gez. Knochenkarl, Oberst.

Zusatz des nächsthöheren Vorgesetzten: „Ach, was! Jeder hat Schwächen! Wiedervorl."

gez. Onserock, Generalmajor.

Ächzend sinkt Knochenkarl zurück. Schwächen! Er überlegt. Er tut es, indem er sich die Traditionslanze des Kavallerieregiments 18 von der Wand greift und wie Masinissa, der König der Lybier, auf einen Speer gestützt einen ganzen Tag lang auf ein und demselben Fleck stehend, schweigend verharrt.... Selbstverständlich überwacht er dabei den Gefreiten (ROA) Telligent beim Technischen Dienst im Schatten seines M 47, dem Kampfpanzer seiner Brigade-Panzerjägerkompanie, Leihgabe der Steubengesellschaft, und darf gegen Abend unter Gebrauch des Doppelfernrohres (Marke Nelson: bei Nettuno die Hälfte abgeschossen, Schiffsartillerie) mit Genugtuung und erleichtert feststellen, daß sich der ROA, der Reserve-Offizieranwärter, bewegt, und zwar hinweg, letztlich also nicht völlig entseelt sein kann.

„Die Zeit vergeht! Oh wie schnell ist nichts getan!"
Schwächen! Mehrere! Wo soll er Schwächen für v. d. Socken herkriegen? Was anführen?

Ist es eine Schwäche, daß v. d. Socken, so wie manch anderer die Odysee, den Leitfaden für Heizer und Oberheizer der Kaiserlichen Marine auswendig hersagen kann, daß er die Bundeswehr für kulturell recht hochstehend hält, seit er gelesen, daß die Verwendung von Nullen schon immer als Merkmal jeder Hochkultur gilt? – Oder ist es eine Schwäche, als solche zu werten, daß er, im Zeichen zunehmender Vitalisierung unserer Wehrpflichtigen, die Einführung des Muffs zum Nachtanzug, auch der Heimschläfer, fordert ... daß er am „Tag der Briefmarke" mit heraushängender Zunge herumlief, oder, daß er ihn heute morgen bei der Ausarbeitung eines „STAN-Planungsentwurfs", eines Plans für Stärke und Ausrüstung, ertappt hat: „Der Pollenwarndienst aller Truppen", ein Mittel zur „Desensibilisierung der Bundeswehr"...? Soll er? Muß er? Kann er?

„Ach was, kommen Sie Alter gehen wir."

Im Offizierheim Krach und Krakeel.

„Meine Herren", ruft Major Stummelwerfer, so genannt wegen seines kurzen, gedrungenen Charakters, „meine Herren, der Herr Brigadekommandeur!" Nimmt jemand Notiz, von dem Schrei ... von Stummelwerfer? Es ist lange her, daß sein Wort ankam. Ja damals freilich, als wir aus dem Apennin in die Po-ebene hinabschritten, als Stummelwerfer das letztemal seinen „Stuka zu Fuß" zündete. Ja, aber hier und jetzt? Die achtunggebietende Äußerung geht unter.

„Herr Oberst kommt!" Unangemessen beiläufig bemerkt es der Doppelköpfer Hauptmann Seltenfröhlich und sticht mit der Tulle. Nun ja, er hat auch vor Orsogna drei Tage im Dachboden eines engl. Gefechtsstandes „verweilt" und denen den Angriffsbefehl geklaut. Aber trotzdem ...

„Meine Herren: der Herr Oberst..." – Schwach, herausfordernd schwach diese Interjektion des auf dem Katasteramt entnervten Hauptmanns Gerwin v. Großbeeren. Und niemand kann sich erinnern, ihn irgendwo unter den „ollen ehrliken" Fallschirmjägers gesehen zu haben.

Das Maß ist voll.... Unerträglich für v. d. Socken, diese Desavouierung seines Obersten. Und unbändig wird sein Verlangen, die Lage, die nichtswürdige, zu meistern. Er sucht nach Passendem. Findet er was? Lauthals hebt er an zu brüllen: „Uuuuhaahaa ... verfluchte Scheiße ... uuhaahaa..."

Erschrocken verstummt man vor solch klassischer Energieentladung. Welch eine Äußerung! Welch Gefühlsreichtum wird hier offenkundig, – kurz vor Weihnachten....

„Bitte Kerzen einschalten", befiehlt er dann ganz zahm, „Kommandeur ist heut nach Singen". Drei ... vier ... Anders als Karl d. Gr., der ja „nur leise und im Chor sang", hebt er machtvoll an: „Die Glocken stürmten vom Bernwardsturm..." Auch der Fernmeldeoffizier, Leutnant Prinz Kunibert (Heil Herzog Widukinds Stamm), hat gute Lust, dem Ritter (niederer Landadel), den „Spaten zwischen die Rippen fahren" zu lassen. In der Vorweihnacht. Bei Tannenduft ... und Lichterglanz... Der Verhaltensforscher spricht hier von „Kollektivem Gesange als Mittel der Autoritätserhaltung". Der schwere Zauber beginnt....

Und doch ... was ist?

Unversehens und ohne Erlaubnis schmettert es aus der Ecke, da wo Christian Graf Steinhäger, der Oberleutnant aus dem Geschlecht turdus pilarus, der sehr geselligen Wacholderdrossel, Hof hält, der katholische Flüchtling, vom „BGS", dem Bundesgrenzschutz, übernommen: „Einst waren wir Faschisten oder auch Kapedeh; heut sind wir Parachutisten: Ehre sei Gott in der Höh'..."

Von einem elitoiden Haufen der alten Wehrmacht stammt der Song. Einer vom Personalamt soll ihn den Jüngeren eingeübt haben, noch bevor er endlich und fast zu spät bei dem Staatssekretär Gumbel angeschwärzt wurde.

In der breiten Brigadierbrust gärt Grimm. Hier wird sein Liederabend, sein stimmungsvoller, umfunktioniert. Sie lüften bei der Weise sogar den Hinteren an. Und außerdem mißfallen ihm, dem in Hausmusiken gern gelittenen unparteiischen Reservegeiger, – seidig-duftiger Ton, geschmeidiger Strichwechsel –, die Dissonanzen. Na, und überhaupt, und so... Sakradi da ist er wieder, dieser „Parageist", der aufmüpfige, hemdärmelige, impertinente. Man kennt das.

„Herr", schrie da vierundvierzig im Schloßpark an der „Aemilia" der SS-Oberführer den Fallschirmjäger an, „Herr, ich bin der Leiter des Erfassungsstabes Oberitalien. Das Schloß ist belegt!"

„Und i, i bin nacha dea Stabsfeld Schrimper, Kompanieführa im Fallschirmjägaregiment 4", entgegnete der Fallschirmjäger auf seinem Fahrrad, „wird wol no a weng Platz sein füa meine Jaga. Wär amoi was anders...."

„Herr! Hier mein Ausweis; Unterschrift des Feldmarschalls, bin Oberst der SS-Waffen"

„a so, ja mai ... nacha woan'S gar an da Front ... i hob halt denkt, Sö san halt a Nazi von da Partei...."

Er wurde nicht umsonst „Tapferkeitsleutnant", der Stabsfeld....

v. d. Socken aber, versteht „Espedeh" statt „Kapedeh" ... Trommelfellschaden ... Kriegsfolge... „Die Artillerie, sie kennt weder Freund noch Feind! Sie kennt nur lohnende Ziele"....[1])

Jetzt wallt ihm Wut über beide Ohren. Er fühlt sich hier betroffen und fackelt nicht lange. Dort steht der Weihnachtsbaum in mildem Glanze. Aufheulend und kernig erfaßt er die fiskalische Fichte. Trotzig stellt er sich so sichtbar neben die Minderheit der Oppositionspartei. Sein Blick ist wild, sein Atem betäubend...[2]) Im Schrägschritt läuft der alte Mehrkämpfer an. Durchs Fensterkreuz kracht, Ständer voraus, das sanfte Symbol deutscher vorweihnachtlicher Besinnlichkeit ... mit Illuminierung und Lametta...

So hat der „lanzenschwingende Ajax" vor Troja den „helmumnickten Hector" schwer erwischt!

Herrisch richtet sich v. d. Socken auf. Er schüttelt sich, wie das eben solche Vögel bei Eintritt der Entspannungsphase zu tun pflegen. „Fenster zu", brüllt er dann, besorgt – auch in dieser Entspannungsphase – um das „absolute Gehör" seines Kommandeurs. „Fenster zu, – es zieht!" Und daran erkennen wir sogleich wieder die fürsorglichen Qualitäten dieses Offiziers der alten Schule!

„Hier", Oberst Knochenkarl steckt seiner „Schreibkraft" einen Zettel zu,

„hier: zu **Beurteilung Oberstleutnant v. d. Socken** Wiedervorlage General:

Schwächen: ‚Praktiker!'

Vorschläge zu ihrer Beseitigung: Tätigkeit in einem Hohen Stabe wird Früchte tragen"

„Knochenkarl, Oberst" setzt er mit steil-gestochenen Lettern darunter.

„Ach geben Sie doch noch mal her ... war doch noch was...", bittet er die dienstbeflissene Dame.

---

1) Seit sich dreiundvierzig am Sangro die freund-feindliche Artillerie auf ihn eingeschossen hat, ist er rechts schwer ansprechbar. Seit er vierundvierzig bei Cassino durch die NATO-Artillerie zum Vernichtungsfeuerraum „Nulpe" erklärt wurde, leidet er auch links unter Differenzierungsschwächen.
2) Seit seiner Heimkehr aus armenischer Kriegsgefangenschaft (verwundet am siebten Mai45, an der Moldau und auch noch am Po) hegt er eine zarte Liebe zur Knoblauchzehe....

Und seither findet sich in den Beurteilungen des Oberstleutnants v.d. Socken unter „Schwächen" der Vermerk „unmusikalisch"...

Oberstleutnant v.d. Socken aber wird versetzt. In einen Hohen Stab am Rhein. Zwar sollte er zunächst zur Luftlandeschule kommen, nach Oberbayern. Der belesene v.d. Socken konnte jedoch geltend machen, daß ihn schon kein geringerer als der hellsichtige Historiker Herodot gewarnt habe: „Oh Fürst (seit 1967 nur noch ab A 15), du rüstest dich zu Männern zu fahren, die Hosen aus Leder tragen".

Personalamt gab deshalb, wie üblich, seinen Bedenken statt. Und jetzt also brütet er in diesem Hohen Stabe am Rhein, findet schnell wieder Gefallen an der Lieblingstätigkeit unserer Referenten und Dezernenten, der „Mitprüfung". Doch diesmal schafft er schon selbst einen „Vorgang", – entläßt ihn in den Geschäftsgang, – zur „Mitprüfung"....

Der Bundesminister der Verteidigung

Bonn-Duisdorf...

P III/2 (Fschjg)

Als Anlage gibt P III/2 (Fschjg) die von Asklepiodotos um 100 n. Chr. entworfene Theorie der Personalführung in Umlauf.

Die in der Personalführung/bearbeitung nachdenklich tätigen Offiziere werden gebeten, die Ausführungen dieses Philosophen auf ihren Wahrheitsgehalt zu prüfen:

„Vorn in der Phalanx finden wir stets den Vordermann (Protestat). Er geht voran. Ihm folgt der Hintermann (Epistat). Er geht hinterher. Der Nachfolgende ist also immer der Hintermann.

Und immer kommt in der Reihe zuerst einer, der Vordermann ist, und dann ein Hintermann. Dann wiederum ein Vordermann, und dann ein Hintermann, dem nun wieder ein Vordermann nachfolgt, gefolgt aber wieder von einem Hintermann.

Und so folgt einem jedem Vordermann auch stets ein Hintermann..."

I. V. und I. A.

gez. v.d. Socken, Oberstleutnant.

Behaltezeit: 3 (drei) Tage.

VII. Artic.

Die Obristen oder Commandeurs von den Regimentern sollen alle Jahr den 1ten Januarii an Sr. Königl. Majestät eine Liste von den Officiers vom Regiment einschicken, und eines jeden Officier Conduite, sie mag gut oder schlimm seyn, wie die Wahrheit ist, sonder Passion genau beschreiben, und solche bey Ehr und Gewissen überschicken; In solcher Liste zugleich gesetzet werden soll, ob der Officier ein Säuffer ist, ob er guten Verstand und einen offenen Kopff hat, oder ob er Dumm ist.

NB. In solcher Conduiten-Liste soll der Obriste auch berichten, ob der Regiments-Feldscheer gut ist, und das Regiment mit ihm zufrieden ist oder nicht.

VIII. Artic.

Wenn die Commandeurs der Regimenter von der guten oder üblen Conduite der sämtlichen Officiers an Seine Königlichen Majestät nicht wahrhafftigen Rapport thun möchten, und Seine Königliche Majestät ein anders, wie die Commandeurs berichtet haben, selbst wissen möch-

Qq3

*König Friedrich Wilhelm I. von Preußen
der
Soldatenkönig
,,Preuß. Reglement von 1726''*

Geländebeschreibung 1959

„Wetter und Gelände behalten auch bei fortschreitender Entwicklung der Technik ihren maßgeblichen Einfluß auf die Landkriegführen" (HDv 100/100)

„Mal herhören: Klare Ausdruchsweise bei Preußens! Wenn Ihr da mal als Baumbeobachter auf diesem Baum hier eingeteilt seid, um das Ausladen des Armeekorps auf dem Verschiebebahnhof von Dingskirchen da drüben, zu sichern, da muß man sich ausdrücken können. Da können Ihnen, schon als Gefreite, andere unterstellt werden, z. B. der Meldehund Hektor, oder die Brieftaube Anna ... Da ist ein Baum nicht nur ein Baum. Da ist das mal ‚die markante einzelstehende Fichte', mal ‚die schlanke, aufragende Pappel', mal ein ‚Kugelbaum' ... Da wird sich das Gelände gefälligst eingeteilt in: Vorder-, Mittel- und Hintergrund! Das paßt immer!"

Das lehrte Unterfeld Vossen 1934 den Offizieranwärtern im Infanterieregiment 18. Und das paßt immer noch. Das sind Erfahrungen die – wie sich's gehört – in die Bundeswehr tradiert wurden. Und auch hier ist Oberstleutnant Mauke, der Bataillonskommandeur, um Verbesserung des Ausbildungsstandes seiner Fallschirmjägeroffiziere bemüht.

Groß war die Geländebesprechung angelegt, umfangreich die Vorbereitungen, selbstbewußt ihre Bekanntgabe. Viel zu früh waren dann die Knüller verpufft, der Film abgespult, das Pulver verschossen, die Angriffsziele einfach genommen. ... Und gerade jetzt muß der Divisionskommandeur, Stellvertreter, der Kommandeur „kurz", eintreffen....[1]

---

[1] Divisionskommandeur, Generalmajor Onserock = Kommandeur „lang"; Divisionskommandeur, Stellvertreter, Oberst Fünäbre = Kommandeur „kurz", zugleich Oberst „am Stabe"

„Meine Herren", ruft Mauke gefaßt, „meine Herren, ich komme zur Abschlußbesprechung!" Als ob er sie nicht schon vor einer Stunde gehalten, – ausführlich sogar noch des Manövers Erwähnung getan hätte, das 1938 „Wehrmacht-Heer" hier abgehalten ... „und auf diesem Feldweg hier stand die leichte Infanteriekolonne des Infanterieregiments 13, Ludwigsburg..."

„Sollen wir mit dem Skizzenzeichnen aufhören, Herr Oberstleutnant?" Eine hinterhältige Frage von diesem Leutnant Kirschgeist da....

„Herr Oberst, – ich habe gerade noch ein paar Faustskizzen verlangt ... als Vorbereitung für die Generalstabsausbildung ... auch wegen unserer Christophorusfahrt...."

„Findet ganz meinen Beifall", pflichtet Kommandeur „kurz" bei, „eine gewisse Kunstfertigkeit auf diesem Gebiet, meine Herrn, war wohl schon immer jedem preußischen Offizier eigen. Mit ein Grund, warum die an sich schon so reizvolle preuß. Offz.ausbildung so anziehend war.... Aber, meine Herren: immer daran denken: Vorder-, Mittel-, Hintergrund! Bei Moltke, meine Herren, in allen Skizzen leicht nachzuweisen!"

„Moltke war ja, Herr Oberst, auch in der Türkei nie ohne Stift unterwegs...."

„Na, – davon allein allerdings, kann er doch den Kahlkopf nicht mit nach Hause gebracht haben...."

„Ich beginne mit der Abschlußbesprechung: ...Im ,Vordergrund' hier, sahen wir die Überwachungspanzer in Stellung gehen. Im ,Grund' dort unten, – meine Herren: nicht immer ist ein ,Mittelpunkt' vonnöten ... kann ja auch mal verschwimmen, so einer, – also: im ,Grund' dort unten, nur einfach ,Grund', nicht wahr, sonst nichts, wie ja auch einer ganz schlicht ,Schulze' heißen kann ,Ohnetritt Schulze', sonst nischt – hahaa – also: in diesem ,Grund', da, da gingen unsere Jäger auf das Angriffsziel im ,Hintergrund', dort oben, vor..."

„Moment mal bitte, – ,Mittelgrund' nicht mehr vonnöten? Wo haben Sie das her? Was soll das? Von solchen Neuerungen halten wir nicht viel! Sehen Sie sich doch mal um: springt einem doch geradezu ins Auge so'n ,Mittelgrund' hier ... wie, – was, – oder...?"

„Ich meinte ja nur, Herr Oberst, – hier genügt es doch,

den ‚Mittelpunkt' einfach als ‚Grund' zu bezeichnen ... er liegt doch im ‚Grund'..."

„Kein Grund dafür, diesen Grund nicht auch als ‚Mittelgrund' anzuerkennen ... ja, – läge er im Grunde gar nicht im Grund, sondern ... äh ... na, daneben, dort seitlich verschoben – bietet sich übrigens so richtig für'n ‚Handstreich' an – wenn ich da an'n Winter einundvierzig/zweiundvierzig denke –, na ja ... oder läge der Grund gar..."

Aber da rumpelt der Eugen Hägele, vormittags Dreher beim Schäuffelen in Oberlenningen, nachmittags Landwirt „aufm Aigena", mit seiner duftigen Fuhre heran ... mitten im Vordergrund.... „Drr Ackrr, drr säll dort em ‚Grund', där brauchts halt, – grad, wenn drr erscht Schnee gfalla isch..."

„Zurücktreten, meine Herren, bitte zurücktreten.... Haben Sie gehört, Herr Oberst, der einfach Mann, der Bauer, – einfach ‚Grund'...?"

„Mann Mauke, – nu halten Sie mal die Luft an: so einer, – is doch klar –, sieht ja auch seinen ‚Grund' rein ökonomisch; keineswegs als ‚Mittelgrund' vor dem bitter ernsten ‚Hintergrund' kriegerischen Geschehens, – der Mann da...!"

„Und wie nennen Sie das da oben, dort hinten am Horizont, – doch ‚Hintergrund' wie?"

„Des dort? Ha, da saga mir halt ‚Bägground'...."

„Meine Herren", bemerkt Kommandeur „kurz" sodann hintergründig, „meine Herrn, das da, Fuhrwerk und Fuhre, – das will ich nicht unbedingt in Zusammenhang mit Ihrer Übung und mit den Ausführungen des Herrn Leitenden gebracht wissen!"

„Herr Oberst", Mauke nimmt die rechte Hand an die Mütze, „Herr Oberst, der da, der Fuhrmann, der kommt zur Unzeit, gehört eigentlich noch in den Hintergrund – sollte erst in den Vordergrund treten, wenn Vorgesetzte Grund zur Kritik..."

„Was stieren Sie da so stur in die Gegend?" Kommandeur „kurz" wird sich nun an Leutnant Kirschgeist schadlos halten.

„Aber Herr Oberst, wir arbeiten hier doch nach dem Gelände ... ‚G e l ä n d e besprechung' Herr Oberst...!"

„Ach was, – nehmen Sie die Karte vor! – Das Gelände, – das haben wir eben wieder mal gesehen –, das Gelände verwirrt nur! – Übrigens: ...ganz alte Generalstabsweisheit, das..."

Da aber erinnert sich Oberstleutnant Mauke weiterer guter Ratschläge seines Unterfeld Vossen, des großen Amateurpädagogen im Infanterieregiment 18:

„... und wenn die Leute auf Station ‚Schießausbildung' oder ‚Geländebeschreibung' zu Ihnen kommen, dann ja kein' Schliff mehr ... abschalten lassen ... beruhigen son Mann, wenn er da vor Ihnen auf der Pritsche liegt, – im Anschlag ‚liegend aufgelegt'. ... Ein paar menschliche Fragen, beim Blick über Kimme und Korn ... bißchen Anteilnahme, so von Mann zu Mann: ... ‚na, – wie war die Tucke am Wochende ... Vorbeugen, mein Lieber! Oder Sanieren! Am besten beides! So, na ganz gut abgekommen ... bißchen gemuckt beim letzten Schuß'..."

Deshalb also, und um den Leutnant von dem Obersten zu erlösen, steuert Mauke auf ihn los ... glättende Fragen.:

„Na, – mein Guter, – wo waren wir denn am Wochenende?"

„Alte Pinakothek, Herr Oberstleutnant, – so ne Gemäldegalerie!"

„Ah, – sehen Sie mal an –, interessant so was. Erzählen Sie mal!"

„Nun ja, Herr Oberstleutnant, so ein Kolossalgemälde..."

„Nu mal los..."

„Also: panzergünstiges, flachwelliges Gelände. Im Vordergrunde tobt die blutige Schlacht. Auf schwerem Boden sprengt im Mittelgrund groß ein grauer Meldereiter. Er meldet Napoleon: ‚Sire, die Schlacht ist verloren!' Napoleon aber, spricht ‚ach was'! Und hinten lacht die Sonne..."

„Verluste?", fragt der frontbewährte Kommandeur und hieran erkennen wir sogleich wieder den fürsorglichen Offizier alter Schule.

„Habe 137 Gefallene und Verwundete gezählt...."

„Sehen Sie mal an...."

„... und 57 Vermißte...."

„Donnerwetter", Kommandeur „kurz" kann nicht mehr an sich halten, „na, – wie ich das sehe, werden die meisten von den Brüdern inzwischen beim Ferntroß eingetrudelt sein...."

Merket hier:

„Die größten Vorteile im Leben überhaupt, wie in der Gesellschaft, hat der gebildete Soldat." (Goethe, Wahlverwandschaften)

Friedrich Engels'
Kritik zur Offizierausbildung

„Die preußischen Offiziere geben bei weitem das am besten ausgebildete Offizierkorps der Welt ab. Die Eignungsprüfungen hinsichtlich des Allgemeinwissens, denen sie sich unterziehen müssen, haben ein weit höheres Niveau als die einer jeden anderen Armee....

Eigentlich haben einige von den Offizieren fast zu viel Wissen in der Metaphysik; das erklärt sich daraus, daß man an den Universitäten bei Vorlesungen auch Offiziere unter den Studenten findet....

Nirgends aber, gibt es so viele alte, halsstarrige schikanierende Vorgesetzte unter den Offizieren und Generalen wie in Preußen. Übrigens sind die meisten von ihnen Überbleibsel von 1813 und 1815." (Friedr. Engels, Milit. Schriften, 1855)

*,,Empörend wirkt auf mich
auch immer wieder folgende
Geschichte.''*

Gelber Dampf

„Der militärische Führer soll einfallsreich und um Aushilfen nicht verlegen sein" (HDv 100/100, „Führung im Gefecht")

„Halten Sie hier keine langen Reden! Es ist jetzt 18.30 Uhr. Morgen 11.00 Uhr stehen Sie, Oberstleutnant Tanz, neben dem Inspekteur auf der Tribüne und erklären dem Infanten den Einsatz der ,Panzerabwehrhubschrauber'." Brigadegeneral Getorix, Chef d. Stabes IV. (GER)Korps, beendet das Telefongespräch:

„Was, wir haben keine? Gilt nicht bei Preußens. Inspekteur wünscht die Ausrüstung Ihrer Hubschrauber mit Raketen. Reden Sie nicht, kaufen Sie sich welche. Unterschnallen! Inspekteur hat mit den Dingern nicht nur geschossen, sondern auch getroffen, sagt er, Lassen Sie sich was einfallen, dazu sind Sie ja Schwabe. Denken Sie an Benz, Daimler, Zeppelin..."

„Ond –, Härr Generahl, – erscht drr Helldrrliehn..."

Merket hier:

„Vor einem General-Lieutenant, er mag commandiren oder nicht, werden drei Wirbel, vor einem General-Major zwei Wirbel geschlagen", Preuß. Reglmt. 1726)

„Und hier, Königliche Hoheit, der Heeresflieger, der den Einsatz der Panzerabwehrhubschrauber erklären wird."

„Keenigliche Hohait, Härr Generahl! Das, was Sie sähen, ischt nicht! Ond das, was ischt, sähen Sie nicht." Der „Oberschdleidnand" bedient sich seiner schwäbischen Muttersprache, bittet um Übersetzung, hat die Dolmetscherin wahrgenommen, – glaubt trotz BW-Feldjacke auf gute Bestückung schließen zu dürfen.

„Wie Sie sähen", tönt er ins Megaphon, „wie Sie sähen, sähen Sie gar nix!"

„Na ja, ist ja gut", meint der Inspekteur, „nun erklären Sie aber Seiner Königlichen Hoheit mal, wo was zu sehen ist".

„Die Panzerabwehrhubschrauber sollen in dieser Lage einen massierten Panzerangriff aufhalten. Dort hinten, wie ich zeige: 1 500, fliegen sie gerade in Stellung. Jetzt kommen sie aus der Schneise hervor, setzen sich vor den Wald."

„Vor den Wald? Warum sehen wir nichts?"

„Hubschrauber, Härr Generahl, bleiben immer unter Baumwipfelhöhe. Gefechtsmäßiges Verhalten. Daher: nicht zu erkennen!"

„Ausgezeichnet, – tadellos … Warum sind sie so weit weg?"

„Panzerabwehrhubschrauber, Här Generahl, nutzen ihre Höchstschußweiten aus!"

„Sehr gut …"

„Und jetzt, da … bitte kehrt zu machen und Blick zum Gegner zu nehmen, da, der gelbe Qualm dort auf der Pläne – lauter Einschläge unserer Raketen. Leicht erkennbar mitten im Ziel!"

„Sehr gut! Keine Abschüsse zu sehen, und lauter Treffer. Nichts als Treffer!" –

„Und jetzt werden wir Zeuge, wie der Hubschrauberschwarm einen Stellungswechsel fliegt. Voraus Pfadfinder, führen dort in die Senke hinein. Jetzt kommen sie hinter dem Wäldchen hervor, gehen flankierend in Stellung."

„Nichts zu sehen?"

„Nein, Herr General, alles nicht einsehbar!"

„Ausgezeichnet, großartig! So will ich das haben!"

„Jetzt schiebt der Schwarmführer zwei Beobachtungshubschrauber vor. Sollen den linken Flügel beobachten."

(„Man soll die Jusos nicht aus den Augen lassen", zischt der Panzeroberst Freiherr von Stracks.)

„Wo gehen die in Stellung?"

„Da drüben, da wo wieder der gelbe Qualm … da, jetzt sind sei eingetroffen."

„Einfach toll, – nichts zu sehen…"

„Der Schwarmführer teilt jetzt seinen Schwarm; eine Rotte, zwei Hubschrauber, auf die rechte Flanke. Feuerkreuzung!"

„Damit haben wir Königliche Hoheit, an allen Fronten des Krieges kolossale Erfolge erzielt. … Wirkt verheerend

… wie wir damals in der Schneise von Nikitinki … hmmhm … Aber: vom Feind vermutlich immer noch nicht erkannt, was?" –

„Nicht erkannt, Herr General, fliegen geduckt nach rückwärts ab."

(„Abgeordneter, geschäftsuntüchtiger", zischt Oberst v. Stracks verächtlich.)

„Na –, hoffentlich kommen die noch zurecht."

„Da, Herr General, sind schon da."

„Woher wissen Sie das, daß die schon da sind?"

„Da, Herr General, da, der gelbe Dampf, dort neben den Birken. Bei uns Heeresfliegern immer ein Zeichen dafür, daß wir voll da sind!"

„Tatsächlich! Königliche Hoheit, will you please just look: nothing to see, nada de ver … ve usted. Sehen Sie nur: nichts zu sehen!"

„Oh yes, a very fine Flight Demonstration!"

„Haben Sie gehört? Sehr schön, diese Flugvorführungen. Wieviel Hubschrauber haben eigentlich mitgespielt?"

„Fünf Herr General"

„Na, zum Schluß, da hätten sie vielleicht nochmal über uns wegziehen können. Damit man die Raketen so richtig sieht.…"

Merket hier:

„Großer Herren gewonheit und gebrauch ist, daß sie andere in gefahr setzen, in ihrem dienst, aber in der höchsten gefahr und noth lassen sie ihn allein."

„Fleiß und geschwinde Keckheit seynd die zwo Hände eines Obristen, mit welchen er kann herrliche Streiche tun." (v. Wallhausen, 1615)

„Na sehen Sie, hat ja ganz gut geklappt." Aufatmen beim Chef des Stabes IV. (GER)Korps. „Aber das sage ich Ihnen: so was klappt nicht immer!"

„Habs ja glei' gsagt, Härr Generahl: Was Sie sähen ischt nicht, ond was ischt, sähen Sie nicht."

Die aparte Dolmetscherin schlüpft aus dem BW-Parka.

„Nothing to see, – nichts zu sehen", meint unser „Oberschdleidnand" bedauernd.

„A little bit, coronel, but **real**.…"

Von Staht/Ordnung/Ampt vnd Befelch deß General Obersten/ vnd auch andern Befelchsleuten.

WEre das ein Fürst oder Herr ein Krieg fürnemmen/ vnd selbs bey der handlung vnd im Feldt nicht sein möcht oder wölt/ So ist von nöten/das er einen General Obersten dem Kriegßvolck fürsetze/ derselbig General Oberst hat ausserhalben der Puncten vnd Artickel/so jm villeicht der Kriegßherr bevor behelt/ allen gewalt den gantzen Krieg zu führen/nach seinem gut beduncken vnd Raht.

Es ist gut das er sey ein herrlicher/ dapfferer/ von hohem Stammen geborn/ reicher vermöglicher Mann/ der bey den andern ämptern vnder jm/ auch allem Kriegßvolck bey mennigklichen/ auch bey den Feinden/ seins Stands vnd dapfferkeit halben/ ein ansehen/ gehorsame vnd forcht habe.

Darzu were gut/das er deß Kriegßherren naßer vnd geborner Freundt/ Landtsäß oder Lehenmann/ auch desselbigen Vatterlands were/ auch mässig/ nüchtern/ leidlich in aller arbeit/scharpffer vernunfft/nicht geitzig/nicht vnkeusch/ nicht zu jung noch zu alt/ desßgleichen auch wol beredt sey/ damit er nit geneiat die sorgen der großmechtigen vnd dapffern sachen der Kriegßhändel zuverlassen/ Er sol auch bedauchtig
M

Jost Amman
Von Ampt und Befelch deß Generals
Textillustration aus:
Fronsperger, Kriegßbuch

Von hohen Ampt und Befehlch deß Generals
Forderungen des
Leonhart Fronsperger
Burger zu Ulm anno 1565

„Es ist aber gut, das ein General sey ein herrlicher, dapfferer, reicher vermöglicher Mann, von hohem Stamm geboren.

Darzu were gut, das er mässig, nüechtern, leidlich in aller arbeit, scharpffer vernunfft, nicht unkeusch, geizig, auch wol beredt sey. Er sol auch bedäuchtig und nicht gäch sein, und sich wol enthalten vor zorn. So gehört auch die gedult der arbeit zuvoran dem General. Er sol auch seyn scharpffer vernunft, vogelschnell künftige sachen zu bedencken.

Welcher in stärcke und weißheit bewert ist, der mag zu allen dingen nutz werden, Denselbigen seind alle Underthanen gemeinigklich liebhabend, besonders wo er eins freyen und willigen gemüets ist.

Sie sind auch gehorsam, glauben jm was er ihnen sagt, in was Perikel und gefährlichkeit er sich begibt, helffen sie im.

Er soll auch gesprech und wol beredt sein, belesen in vielen Büechern, denn so er vil lißt, erfehrt er viel. Dann ein beredter General mag das Kriegßvolck bereden, alle gefährlichkeit ring und gar zu verachten, mehr dann die Instrument der Trommeten, der Trommen oder Pfeiffen. Dann an der wolred ist vil gelegen.

Jetzt muß man das Kriegßvolck ermanen, dann tröesten, dann straffen, dann warnen.

Er sol sich auch nicht also hart und bitter erzeigen und halten, damit er nicht ungunst des Kriegßvolcks bekomme.''

Auch die folgende story gehört zu den „SURVI-
VALS" der Heeresflieger, zu den „Migratory Le-
gends", die durch einfache Migration, z. B. durch Zug-
vögel, weiterverbreitet werden.

Die „Voice procedures", die in der Fliegersprache
gebräuchlichen englischen Begriffe, werden für

- *das nichtfliegende Beschlagschmiedepersonal der*
  Heeresflieger-Waffenschule,
- *die nichtpferdeberechtigten Kommandanten nieder-*
  bayerischer eingleisiger Sackbahnhöfe,
- *den nichtspringenden pensionierten Stabsoffizier für*
  das militärische Brieftaubenwesen an der Luftlan-
  de-, Lufttransport-Schule, die unterstellten Königl.
  Bayer. Brieftaubenstationsvorsteher, und alle inva-
  liden Brieftaubenschirrmeister der Patrouillen-
  schläge, sowie die
- *mitfliegenden Angehörigen der Sozialabteilungen*
  im BMVg und von Scheinflugplätzen der NATO,
  aus Fürsorgegründen im Text gesondert gedeutet.

Achtung: Während der Zeit der Hauptmauser ist
fremden Geheimdiensten Zugang zu verwehren.

Die Heeresflieger und ihr Bundeswehrliederbuch

„Die volle Ausnutzung der Luftbeweglichkeit im Gefecht stellt an Führung und Truppe hohe Anforderungen" (HDv100/100, „Führung im Gefecht")

Und wiederum kurvt Fixwing in die untergehende Sonne. Der Horizont verschwimmt. Fixwing ist Oberstleutnant. Das sagt aber hier gar nichts. „Bei den Heeresfliegern verschwimmen auch die Dienstgrade", hat der General gesagt. Sich so auf denselben Level mit seinem General, wenn auch natürlich nur ganz verschwommen, gehoben zu wissen, das erhebt schon. Und sich so auf demselben „Flight Level", derselben vom „Kontrollzentrum" zugewiesenen Flughöhe, mit seinem „Tscheneräl" bewegen zu dürfen, wenn auch natürlich leider nur ganz verschwommen, das hebt schon mächtig, auch die Stimmung. Und mächtig hebt er zu singen an. Obwohl er keiner Partei zugehört; obwohl er noch keineswegs für ein hohes Staatsamt heransteht. ... Nur mal so...

Heute noch soll er seinem Korpschef, Brigadegeneral G. Rücke, über das Bundeswehrliederbuch, über Art und Häufigkeit des soldatischen Singens im Heeresfliegerkommando 4 berichten. Das Ministerium ist verunsichert.

Nicht so Oberstleutnant Eckbänd, der Fluglehrerlehrer. Soldatisches Singen diente ihm schon lange als Hilfsausbildungshilfe. Er selbst ist Meistersinger. Und „Gut Lied will Takt", lehrte schon Hans Sachs. So gehörten zum festen Repertoire seiner Hubschraubergrundausbildung „leichte Schläge auf den Pitsch"[1]. Frei nach Hans Sachsen „Mit dem Hammer auf die Leisten halt ich Gericht". Und vor Gericht mußte dann auch einer der von Eckbänd also ausgebildeten Fluglehrer.

---

1) Bei den Heersfliegern treten nicht nur die Obersten und die Piloten, sondern auch die Steuer-Küppel paarweise auf: „Pitsch" und „Stick".

Und v.d.Graben, Oberstleutnant (34) ... Kein Schlechtwetterprogramm des fliegenden Personals ohne gehörigen Marschgesang! Einmal nur möchte er seine Transporthubschrauber CH 53, nach Anlandung der Luftlander da vorn an der Front, in die Ecke, in die Waldecke „Karl-Heinz" stellen. Und dann würde er mit seinen 83 Offizieren, 45 Hauptfeldwebeln und, vor allem natürlich, seinen 6 Wehrpflichtigen der Fliegenden Abteilung in die Schlacht einschwenken. Zwar nur mit 128 Pistolen und 6 Gewehren – aber in vortrefflicher Haltung. Da würde der alte Schlachtengesang geschmettert: „Wohlauf Kameraden, aufs Pferd, aufs Pferd..." So hat ja schon die sächsische Kürassierbrigade Thielmann, am 7. September 1812, den Kaiser Napoleon und seinen goldbetressten Stab in der Schlacht von Borodino zum Aufhorchen gebracht, bevor sie in den Feind hineinrasselte und den Tag für sich entschied. ... Auch der General v. Dresewitz, der Heeresfliegergeneral, würde da staunen. ... Ja, – das ist es, was er zur Zeit in der Flugleitung am Sandkasten üben läßt.

Und der Graf Avis läßt sogar auf der Tiefflugstrecke singen ... durch seinen Vogelvergrämungsoffizier....[2])

Die ostfriesischen Heeresflieger sind da natürlich viel weiter. Die singen sogar bei der „Einnahme von Troja aus der Luft", einem alt-ehrwürdigen Ritter- und Kasinospiel. Das geht so:

Da ist es dem Kommandeur, Oberstleutnant Liedgen, gelungen, nicht nur ein Bataillon, sondern auch noch einen Soldatenchor zu gründen. Mit ihm konzertiert er landauf, landunter. Wie Sokrates von dem Athener Anthisthenes berichtet, will er zeigen, daß „derselbe Mann einen Chor und ein Heer gut führen kann":

„Aber Anthisthenes ist auch ehrgeizig, eine Eigenschaft, die ein Feldherr notwendig haben muß. Siehest du nicht, daß er auch mit allen Chören Sieger blieb, so oft er eine Choraufführung auszurichten hatte?"

Zeichen dieser Siege ist das Tafelklavier des alten Schluppkotten, der seine Kate im „final", im Endanflug des

---

2) Seit kurzem herausgehobener Dienstposten A 15. Personalamt hat, Entwicklung wie immer vorausahnend, diese Stellen den letzten kriegsgedienten Fallschirmjägern vorbehalten. Heeresflieger schieden von vorn herein aus: Dienstposten setzt die sichere Handhabung einer Waffe, mindestens Signalpistole, voraus.

Flugplatzes „Dicker Hund", nie aufgegeben hat. Der Alte stiftet das Klavier den Vaganten. Eine längst- und hochverdiente Anerkennung für das aktuelle Liedgut der Bundeswehr, des BW-Liederbuches und seiner nützlichen, frommen Anwendung.

Dem stellvertretenden Kommandeur, Major (jetzt vielleicht auch schon Oberstleutnant) Anton Krakowski aber, ist das Tastengerät, das weder zum Fliegen noch zum Trinken taugt, lästig und, wie sich herausstellen sollte, unheimlich. Und es drängt ihn zu handeln. Er wartet ungeduldig.

Endlich ist Oberstleutnant (vielleicht jetzt auch schon...) Liedgen außer Haus. Beim, Kreisfeuerwehrtag tanzt er mit seiner Sikorsky H 34 die „Wassermusik, Menuet und Hornpipe" von Händel, – natürlich alles zwei Oktaven tiefer, damit die Leute die Hälse nicht so verrenken müssen....

Zur selben Zeit haben alle Freunde des Offizierheimes ihren „Ehrenflugzeugführerschein", den sie humoris und honoraris causa erworben, zu erneuern. Sind alle abgelaufen! In einem kurzen, harten „Refresherlehrgang", zur Überprüfung und Auffrischung notwendiger Fertigkeiten, ist die neue Qualifikation zu erbringen. Alles das gemäß „CTP", dem „Combat Training Program", dem Trainingsprogramm, dem alle unterworfen, um „CR" zu werden, „combat ready", feldverwendungsfähig und schlachtenentscheidend. Man gehört schließlich nicht zur Etappenkavallerie!

Die vielseitigen Möglichkeiten, die feinst dosierte Anwendungen des Bundeswehrliederbuches bringen, werden in dem Ritterspiel „Einnahme von Troja aus der Luft" vorgestellt. Natürlich dient so was auch dazu, die für jeden Piloten der Heeresflieger nun mal unerläßlichen platonischen Haupttugenden nachzuweisen. Prinz Heinrich v. Preußen, des großen Königs gekränkter aber unbesiegter Bruder, hat es noch vor 200 Jahren durch Kavaliere und Edelfräulein seines Hofes auf Schloß Rheinsberg aufgeführt. Natürlich nicht im niederträchtigen Luftlandehand-, sondern in ehrlichem Schwertstreich!

Troja, da drüben in Kleinasien, die Stammburg der Hohenzollern! Hätte ja kaum einer für möglich gehalten, wäre nicht dem Kurfürsten Albrecht Achilles (1470–1486), diesem freudigen Helden, der Nachweis geglückt!

Die neue Inszenierung durch Major (inzwischen vielleicht doch auch schon...) Krakowski, ist ebenso gewagt wie die Besetzung der Rollen. Krakowski, nicht verwandt noch verschwägert mit unserem Fallschirmjägermajor Stummelwerfer, obwohl manches dafür zu sprechen scheint, als Odysseus.

Über dieses Spiel nur soviel wie erst kürzlich wieder Major i. G. (vielleicht auch schon…) Ischtwas barhocket im „Coffee-shop", dem Teeraum, in dem die ersten Morgengerüchte gereicht werden, von sich gegeben hat. Ischtwas kennt seinen Homer. Und er ist glaubwürdig. War über 6 Semester Zuhörer im Stabe des Obersten Heinrich Hummerich.

„Dieser Ischtwas", brummelt Fixwing, mit seiner Do 27 inzwischen auf Biberach, die freie Reichsstadt, zustrebend, deren weise Stadtväter schon anno 1447 dem Ulrich Fiderlin gestatteten, ein solides „Frawen- und Wollust-Haus zu halten, wogegen sich der Fiderlin verpflichtet der Stadt auf Begehren mit einem reisigen Rosse zu dienen", wo unverzüglich die Mönche ermahnt wurden, nicht die g a n z e Nacht bei den „gelüstigen Fräuleins" zu bleiben. „Dieser Ischtwas", brummelt Fixwing, der Oberstleutnant, immer noch hoch auf demselben „Level" wie sein „Tscheneräl", aber eben doch verschwommen, im „cockpit" seines Starrflüglers (Cockpit, engl.: Kampfplatz, m., z. B. für Hähne). „Dieser Ischtwas, der steht ja allerdings-que unter Ideologieverdacht. Vermutlich ist er auch noch identisch; mit jenem Homerfan, den uns Sigmund Freud beschrieben. Sagt wie dieser auch nicht mehr ‚angenommen'. Tönt, um sich mit Homer und seinen Helden zu brüsten ‚Agamemnon'! – ‚Agamemnon, wir haben morgen icing, Vereisung'...."

Doch, wie war das nun mit der Regieanweisung für das Spielchen? „Herhören", brüllt Krakowski, „Ohren zu mir, Augen zum Feind! Alles mal herhören! Die Fliegertauglichkeitsuntersuchungen, die sparen wir uns heute. Da können, nicht wahr Herr Doktor, wohl die ‚physical standards', die von der Artillerie beim letzten ‚Barbara-Abend' ermittelten Werte herangezogen werden."

„Hahaque, Barbarafest, wo der Medizinalrat nachher dem Mooshacke hier bestätigen konnte, daß er ein klein Füllen im Bauche habe. Hat doch einer das Glas da, seiner Stute untergehalten und ausgewechselt...."

„... und der Hauptmann Maier VI, von der oberschwäbischen Staffel, der hat ja einfach seinen Spieß für sich nach ‚Fürsty' zur Untersuchung geschickt. Wurde dann auf was ganz Gemeines untersucht. Der Spieß kam auf die Burg...."

„Troja?"

„Quatsch, – Ritterburg!"

„Meine Herrn – meine Herrn, Geburtsstunde der Flug-
medizin ist gewissermaßen der 19. Sep. 1783." Oberstabsarzt Dr. Karl Karbol, der Fliegerarzt mit Abzeichen und
aktiver Sanitätsoffizier hat sich nach „fünfundvierzig" un-
verhältnismäßig schnell eine Praxis dadurch aufgebaut, daß
er seine Patienten zunächst mal einer schlichten, ergreifenden Wurmdiagnose unterwarf. „Bedenken Sie, meine Herren, am 19. Sept. 1783 hat die Luftfahrt zum ersten Mal mit
medizinischen Experimenten begonnen. Es stiegen da in einem Montgolfière auf: eine Ente, eine Henne, ein Hammel
... chmm, brauchen wir hier nicht. Nach Inaugenschein-
nahme Ihres Exterieurs, alle geeignet. Ziehe die Kriterien
von 1909 heran. Die Vorschrift besagt: Für das Luftschif-
ferbataillon Männer mit einem Körpergewicht nicht unter
70 Kg!"

„Ausgangslage", schreit Krakowski, der Stellvertreter
auf dem Flugplatz „Dicker Hund", „Ausgangslage: Troja,
hier unser Offizierheim, verteidigt sich keineswegs aus-
sichtslos gegen Griechen, auch Danaer genannt. Mitten in
der Burg, Ruhe da, be quite, und ‚Knüppel am Bauch' beim
Ausschweben. Mitten unter uns das Symbol aller nur er-
denklichen, wünschenswerten menschlichen Freiheiten, die
schöne..."

„Bavaria", brüllt Paul Piepenbrinck (Picus potans com-
munis, der alte Schluckspecht). „Bavaria", behauptet sich
Piepenbrinck, „ha-ha, muß ich erzählen, war doch wie bei
dem trojanischen Gaul. Hier hab ich's: ‚Therese, sieh doch,
noch einer', sagte der bayerische Landesfürst zu seiner Gemahlin, als bei Einweihung des Bavariastandbildes der
20. Sänger aus dem gewaltigen Antlitz heraustieg. Und ein
donnerndes ‚Hoch' des Männergesangvereins scholl ihm aus
dem Haupte entgegen."

„Therese sieh doch, noch einer", sagt Major (inzwischen
wohl auch schon...) Krakowski zu seiner kräftigen Schreibkraft, Frau Fullkötter. Und damit ist Piepenbrinck abgelöst,
den Phäaken zugeteilt, diesen glücklichen Inselbewohnern,
mit deren Königstochter es der Erzkapitalist und Seeräuber
Odysseus natürlich auch hatte. „Sorry", sagt Krakowski bedauernd, „saumäßig sorry", sagt der zufällig anwesende,
flugstundensammelnde Hauptmann Knaudle, Neu-Ulm.
„Aus" für Piepenbrinck. Ehrenflugzeugführerschein über-
flüssig:

„Denn die Phäaken Schiffe bedürfen keiner Piloten, sondern sie wissen von selbst der Männer Gedanken und Wollen, geschwinde durchfurchend die Fluten des Meeres..."

„Und mitten unter uns", führt Krakowski endlich fort, „mitten unter uns, die schöne Helena, die von dem parfümierten Papagalli Paris, übrigens so richtig ein Sinnbild verkommener westlicher Kultur, ent- und verführte Gemahlin des vor den Mauern murrenden Menelaus."

Das Spiel beginnt, wie bei dem Prinzen Heinrich ja auch, mit „lebenden Bildern".

– Die „Refresher" vor der Burg zunächst in drohender Gebärde, trollen sich. Phase der Entspannung. Fröhlicher Tanz der sowieso zum Arbeitsessen angereisten schwerpunktmäßig zusammengefaßten Flugplatzkommandanten Niedersachsens/Holsteins in der Burg. Die ostfriesischen fahrenden Sänger („Dicker Hund"), intonieren gedämpft „wat von Maud und Frieheit, von Kloren ollen Tiden". Bundeswehrliederbuch? Nein, – „Schwäbischer Sängergruß!"

Merket hier: Der „Schwäbische Gruß" der ostfriesischen fahrenden Sänger: nur „gedämpft"!

Dagegen: Tölzer Gruß aus dem Gehölz: stets „schaurig schallend"!

– Dann echte Panne ... „Wo bleibt'n bloß der Übungstransporthubschrauber? Der ohne Triebwerk!"

„Haben die Fallschirmjäger, die befreundeten oldenburger Kaltblüter, abgeholt. Als ,Heimtrainer'. Wollen jetzt auch in verwandtschaftliche Beziehungen zum Luftgeist Ariel treten. Beladeübungen. Säbelschwingen aus der Luft. Militärische Schicklichkeitsregen an Bord...."

Da greift sich der listenreiche Krakowski stante pede den Stadtrat Max Fehlschlag, läßt abstimmen, ob er zum „fliegenden Kran" oder „hölzernen Rosse" zu ernennen. Durch Akklamation wird Fehlschlag als wiehernder Wallach eingesetzt. Die Refresher schleppen die Attrappe vor die Stadtmauer.

Sie intonieren das vorgeschriebene „unheilvolle Geraune und Gesumme aus der hölzernen Höhle". Bundeswehrliederbuch?

Nein, – Nachsprechen des von dem oberbayerischen Sprachlehrer Hauptfeldwebel Fridolin eingeübten NATO-Alphabets.

– In Abwesenheit des Verteidigungsministers (über Studie „Der Kantinenpächter und seine pädagogische Mission" gebeugt) übernimmt Dipl.-Geophysiker Dr. Cumulo Nimbus die Rolle des kraftstrotzenden, wachsam-warnenden Wahrsagers Laokoon, G 2 und Oberverdachtschöpfer im Stabe des Priamus.

Zu seinen Füßen winden sich Oberbootsmann Seite, Hilfsausbilder in der Sportbrigade der Bundeswehr, und Major Bebbo von Bonmot, Vogelvergrämungsoffizier bei Head Quarter LANDJUT. Alle vernichtend umschlungen durch August Wuppke, Oberstabssekretär, Funktionär der „ÖTV" und vieler anderer ringender Verbindungen.

Wehe Weisen der Verschlungenen! Bundeswehrliederbuch?

Nein, – und hier werden die Grenzen der Einsatzmöglichkeiten unseres Bundeswehr-Liederbuches hörbar –, Flugsicherungsfunkverkehr im „long final", langen Endanflug…

– Laut Drehbuch des Homer zerren jetzt trojanische „Knaben und Mägdlein", – und hier spielt unversehens der Schichtwechsel der Standortvermittlung herein –, Max Fehlschlag, das „Roß" und „unselige Greuel" in den Burghof. Liedhaftes Jauchzen! Bundeswehrliederbuch? Bundeswehrliederbuch! Schon schickt sich Schuft Schinon, der elende, längst gegroundete trojanische Lümmel in verräterischer Absicht an, dem „bauchigen Rosse" den wohlverdämmten Hosenladen zu öffnen, da entstürzen Krakowski und seine „ausgesuchten Recken", um ein Haar zu spät für Max Fehlschlag, dem „hohlen Bauche des trüglichen Rosses", der von Fallschirmjägern bis zuletzt im „Attrappendrill" malträtierten Sikorski H 34 (ÜB).

Sie nehmen die Stadt Troja und alle in dem Palast des Priamus vorhandenen Getränke ein. Löschen der Feuersbrunst.

– Oberleutnant, Freiherr von Flucks, auf Fläzland und auf Vertol packt sich Oberst a. D. auf dem Zossen und mit ihm die ganze preußischblau-trojanische Militärtradition auf. Den ganzen Abend schon hat de oll lütt pucklich Oberst mittelschwere Zeichen klassischen Pensionärsverhaltens von sich gegeben, das Lorenz, der Nobelpreisträger, auf seine Weise umschrieben hat: Das Führungsverhalten außer Dienst Gestellter, z. B. „einer Haushen-

ne, ändert sich auch dann nicht, wenn man ihr alle Küken
wegnimmt. Sie hört nicht auf, den Führungston auszuru-
fen und zu locken, fährt auch mit allen Tätigkeiten des
Führens einfach fort."

Mit'dem Obristen auf dem Rücken verläßt Flucks als
Äneas die „rauchenden Trümmer" und hochnäsig höhnt
er:

„… lieber möcht ich fürwahr dem unbegüterten Meier
der nur kümmerlich lebt, als Tagelöhner das Feld
baun…"

Da erhebt sich großer Protestgesang und Meyer, Steuer-
rat und ehem. Oberjäger im Fallschirmjäger-Sturmregi-
ment, zugleich Eidam des alten Schluppkotten, entweicht
aus dem Ort.

Bundeswehrliederbuch? Nein, – „Knurrhahn, Seemans-
lieder und Shanties"!

– Jetzt erbeutet Menelaus Mooshacke, 500 Morgen,
1 Übermorgen, die garstige Ginsengwurzel des Parvenü
und Penners Paris. „… nicht zum Speereskampf geschaf-
fen, ist er stark bei Frauen nur." Er war es, – der Gin-
seng…! Helena, geborene Wurzer, nunmehr Mooshak-
ken hörig, interpretiert Homer Odyssee, VII. Gesang,
266![3]) Und der anschließende gekonnte, genau gesteuer-
te, von dem anwesenden Luftfahrtsachverständigen regi-
strierte, Schleppflug in wehenden Kledaschen bringt ihr
im Ehrenflugzeugführerschein die bisher noch von keinem Regierungspräsidium ausgegebene Sonderberechti-
gung: „Bannerschlepp".

– Ende des Spiels: Wir sehen Odysseus Krakowski, festge-
bunden am Mast seines Schiffleins. Den artfremd-pazifi-
stisch-betörenden Singsang der soften Sirenen satt über-
tönend, widersteht er standhaft den windelweichen Weisen der westlichen Welt.
Welt.

Bundeswehrliederbuch? Ja, – Krakowski kann seine
Honnörs maken. Bundeswehrliederbuch!

Und dann, ja dann macht Krakowski plötzlich kehrt.
Und dann wird das Klavier des alten Schluppkotten ver-
kloppt und in Einzelteilen versteigert.

---

3) Odyssee, VII. Gesang, 266: „… ließ dann leiste vor ihm ein laues Lüftchen ein-
herwehn…"

„Feind in der Burg", schreit Krakowski außer sich, bindet den Helm, den „mähnenumnickten" wieder fest, läßt die Raumtherapeutin Kassandra los und einen überschweren Schraubenschlüssel auf das Tastengerät niedersausen. Der Flugsicherheitsoffizier, Hauptmann Ringelpietz, steht mit „Signalpistole bei Fuß", überwacht die „procedures". Und „Schlüssel, Schlüssel, Schlüssel", brüllt Krakowski als siegreiche Losung.

Wie Ischtwas, der Psychotherapeut aus der Truppe, vermutet, handelt Krakowski unter psychischem Trauma: „... und das längst vergessene Erlebnis, das hier intensiv zur Entladung des Affektes führt, finden wir in den Klavierstunden des Knaben Krakowski. Der unbewältigte Baßschlüssel (!) führte zur Ablösung! (Vermerk der Klavierlehrerin: Kaum zu erwarten, daß bei der Linken etwas Rechtes herauskommt!)

Solche Handlungen haben bekanntlich beglückend kathartische Wirkung:

> „Herkules aber, sollte das Zitherspiel erlernen. Indessen war er zu stumpfsinnig, um die Kunst zu begreifen. Da er nun von seinem Lehrer Linus mit Schlägen bestraft wurde, so nahm er die Zither und schlug seinen Lehrer damit tot", berichtet Diodor v. Sizilien, um 30 n. Chr.

So meint also Ischtwas. Und er war Zuhörer bei Oberst Heinrich Hummerich. „Ein großes festliches Erlebnis. Und das alles in unserer, heute und bei den Heeresfliegern so besonders, mythologisch verdünnten, westlichen Welt!"

„Dieser Ischtwas", brummelt Fixwing, der verschwommene Oberstleutnant wieder, „der sagt ja auch nicht mehr ,angenommen', tönt nur noch ,Agamemnon'!"

Never mind. Schluppkottens Klavier ist hin. Und nur Hauptmann Langewyl beklagt den Verlust. Wie oft hat er doch seinen Unterricht „Aktuelle Information" für beendet, ja sogar für „ungültig und nichtig", und zwar „von Anfang an", erklärt und sich mit dem Bundeswehrliederbuch um Schluppkottens Stiftung versammelt. Um der Gefühlsarmut der heutigen Jugend zu wehren...

Und doch fliegen sie so richtig musisch, unsere Heeresflieger. Ha, — muß man doch nur mal so'n Organisten gesehen haben, wie er Toccata und Fuge d-moll von Bach auf der Orgel von Ottobeuren spielt! Genau so virtuos betätigt auch unser „Tscheneräl" mit Hand und Fuß, Klappen, Tasten, Pedale und Knöpfe. Nur, daß er dabei eben keine Lackschuhe tägt, – wie Karl Richter.

Fixwing aber, ganz auf demselben hohen Level, verschwommen halt, ist Sinnen, ist Singen vergangen. Er versucht sich zu orientieren. Über's Ziel hinausgeschossen! Natürlich wieder! Wie selbiger frühmittelalterliche Bischof mit seiner Disziplinarstrafgewalt, als er doch tatsächlich die Maikäfer wegen völlig unzulässiger Vermehrung mit dem Kirchenbann belegte.

Kein Problem aber heute, so'n bißchen „Verfranzen", bei Fixwing und seinem leicht am Zügel gehenden Starrflügler. Anders als 1938, als er sich in Mitteldeutschland verflogen und ein „QTH", eine Standortpeilung, bei denen da unten anforderte, im Tastfunkverkehr. „Sie befinden sich über Leipzig", kam es trocken zurück. – „Ah", staunte da der Leutnant Fixwing, „ah, daher die vielen Häuser...."
Lässig spielt auch er am Radiokompaß, natürlich nicht so gekommt wie der, auf demselben Level sich bewegende Tscheneräl, spielt die „needle", auf sein Funkfeuer ein. Und da gelingt Fixwing, dem wunderlichen Wolkenwanderer, was heute Politikern, Wirtschaftsmanagern, selbst Kirchen auch mit Feuerunterstützung polternder Patrone nicht gelingen will; ihm gelingt eine Standortbestimmung.
Unter ihm das Geburtshaus des vierten Inspekteurs des Heeres! Wie sagte der Bürgermeister des Fleckens zu Hauptmann Oskar Freiherr von Kerbholz, Nachfahre des berühmten Generals v. Kerbholz-Pascha, preußischer Entwicklungshelfer in der Türkei:
„Oh, Härr Hauptmann, eiser Generahl wird en Pensiohn g'schicket. Er ischt Ährenbirgrr von onsrer Gemeinde. Sent au so guat, dent au a schees Luftbildle von sellem Geburtshäusle macha, damit mrr als Schultes au a G'schenkle häbet. Noi-Noi, S'Airahma brauchts ita. Ziaget's Bildle no auf Schberrholz auf. Noi, – so ebbas: daß'rr den Kärrle no zu Eirem Inschpektrr gmacht haont, – dees hetta mrr jetzt au net denkt...."
Und Fixwing darf endlich in den heimatlichen Luftraum eintreten, „is cleared to enter". Brilliant bugsiert er seine Brigg. Unnötigerweise, wie wir wissen; denn der Phäaken Schiffe benötigen keine Piloten...."
Seinem Korpschef, dem Brigadegeneral G. Rücke aber meldet der Oberstleutnant:

An Korpskommando IV. Germanisches Korps

...a.d. Donau

Heeresfliegerkommando 4 meldet über das Bundeswehrliederbuch und seine Anwendung:

„Das BW-Liederbüchlein entspricht insbesondere, wenn geschlossene Wolkendecken himmelwärts durchstoßen werden, den dann gehobenen Ansprüchen der Piloten. Den eingespielten Besatzungen ist dann nach Singen.

Immer wieder wird auch in den Warteschleifen an Frankfurts Himmel beobachtet, wie Besatzung und zum Personalamt strebende „VIP", unter den „Pilots Handbooks" wählend, zum BW-Liederbuch greifen.

Ein, alle Dienstgrade verbindendes, Summen erzeugt Cockpit-Atmosphäre, verbreitet oft vermißte Nestwärme, läßt Nietköpfe wackeln, und die musikalische Natur des Weltalls ahnen."

Fixwing, Oberstleutnant.

... und der Hauptmann (heute vielleicht auch schon Oberstleutnant) Graf Avis läßt sogar in der „Area Preserves Seabirds, Seals and minks", dem Schutzgebiet Seevögel, Robben und Nerze, singen!

Durch seinen Vogelvergrämungsoffizier ... heute noch...

Wenig – viel zu wenig

wurde bisher über „**Lehmann**" berichtet!

Wir erinnern uns nicht, daß die Militärliteratur des In- und Auslandes „Lehmann" und seine Einsätze in Krieg und Frieden gewürdigt hätte.

Die zahlreichen Biografien, Divisionsgeschichten, Tatsachenberichte: hinsichtlich „Lehmanns" legen sie sich eine Zurückhaltung auf, die stutzig machen muß.

So wird nachstehende Arbeit dem „Bund Deutscher Fallschirmjäger" und dem „Militärgeschichtlichen Forschungsamt" zur Auswertung, und den aktiven Fallschirmjägern zur Bewahrung vorgelegt.

„Löwe Lehmann"

„Wo immer möglich, ist die Täuschung des Feindes an-
zustreben." (HDv 100/100, „Führung im Gefecht",
Nr. 3315)

„Rechte Soldaten sollen unaufhörlich im Springen geübt
werden", verlangt schon der Philosoph Leibniz anno 1680
in seinen „Gedanken, so zum Entwurf der Deutschen
Kriegsverfassung gehören". Und Springen, „Freifallsprin-
gen", bildet wie immer den grandiosen Abschluß des feierlichen Aktes an der Bundeswehrschule im oberbayerischen
Pfaffenwinkel. Hohe Anflüge sind erforderlich, hohe Besu-
cher erwünscht. Bundeswehr-hochschule?

„Herr General, meine Herren," tönt Oberstleutnant
Mumm ins Megafon, „Sie sehen nun Oberfeldwebel Lehmann, vulgo „Löwe" Lehmann, im Freifallsprung! Rauchpatronen an seinen Fersen werden den freien Fall nach-
zeichnen! – Zum ersten Mal in der Geschichte des Fall-
schirmspringens, zum ersten Mal wird Oberfeld, vulgo
„Löwe", Lehmann bei seinem Freifallsprung die Bundes-
dienstflagge in Händen halten! – Herr General, meine Herren: wenn Philosphen, und Gnostiker, Physiker und My-
thenforscher nach dem „Ursprung" suchen, – hier, meine
Herren, hier und heute haben wir Ihnen einen solchen anzu-
bieten: mit Oberfeld, vulgo „Löwe" Lehmann..."

„Lehmann?" Johnny Jumper, der Airborncolonel, der
sich auf seiner Gastspielreise in der Bundesrepublik das
deutsche Springerabzeichen erworben, hört „Lehmann"
und staunt:

„Very interisting, – a Leaman! One of these famous
boys, einer jener sagenhaften, berühmten Feld-, Wald-,
Wiesen- und Wasser-Springer der alten deutschen Fallschirmtruppe, die niemals einen Orden angenommen haben! „Lehmann", der namhafte Niederholz-, Novitäten-,

Nonstop-, Nacht-, Nebel-, überhaupt Natur- und jetzt auch noch NATO-Springer!"

Was Wunder also: der Colonel sieht in der ganzen Vorführung eine späte, posthume Würdigung dieser kühnen Burschen und ihrer Erfolge an allen Fronten, einen Akt okkulter Verehrung! Alle Achtung. Respekt, Respekt: diese Deutschen sind doch immer wieder in der Lage, ihrem militärischen Zeremoniell besonders reizvolle Nuancen zu geben, immer neue attraktiv-pikante Traditionen zu schaffen, – sogar in der Bundeswehr! Er wird in den Staaten darüber berichten! Das wird manchen Zweifel ausräumen, – über den Kampfwert "of the reeducated Bundeswehr and her Inner Direktion"! man wird beruhigt sein! – A Leaman…!"

Doch Oberstleutnant Mumm winkt ab:

„Not clear, Colonel, not clear and not at all certain, keineswegs sicher, Köhnl, daß unsere tapferen italienischen Waffengefährten sich 1943 vor Syrakus anglo-amerikanischen Lehmännern deutscher Abstammung ergeben haben. Our Institute of Military Historical Investigation, unser Militärgeschichtliches Forschungsamt in Freiburg, forscht immer noch nach Beweisen dafür herum, daß der Grande Capitano Compte von Massasapuppo dem Mastersergeant Leaman am Simeto seinen Degen überreicht hat, – den noch von Maxe Fabius, dem größten italienischen Zauderer aller Zeiten, ererbten…"

„Nevertheless! Among airborns nothing is impossible…!"

Wie mancher seiner Quäkerfreunde vertritt der Colonel die Auffassung: „Auf dem Wege zur Individuation ist das Fallschirmspringen die Umsetzung mythologischen Gehalts in Handlung."

„Und außerdem", fährt Mumm fort, „Lehmann, dieser noble Nichtraucher aus Neuruppin, anyway he may be grown elder, – der olle Knopp…"

„Ruhe da… Da, da oben…"

Aus der Tür der Noratlas fällt ein Punkt. Und schon ist der „Löwe" Lehmann ein Gesichtspunkt. Die Rauchpatronen, schön bunt, markieren den freien Fall. Lehmann saust durch ein bauschiges Wölkchen. Dann zieht er den Schirm… Still steht er vor dem Blau des Planeten still…

„Oh, I would like to hear something more about Leaman", bittet Colonel Johnny Jumper.

„Nun, – mit Aufstellung der deutschen Fallschirmtruppe trat 1936 auch schon Lehmann auf den Plan: Testen der

Windverhältnisse, Überprüfungssprünge nach Knoten in Fangleinen und Fahnen, Messen der Wucht des Entfaltungsstoßes... always und unentwegt: Lehmann, Lehmann, Lehmann, Lehmann...

Übrigens: Entfaltungsstoß! Da hat doch der Oberstabsarzt Dr. Piesack na, sagen Sie doch mal, –, na der von der Fallschirm Sanitätskp., der „Eska sieben", – Also ich will mal so sagen: Hermes hat die Leier und Leonardo den Fallschirm, aber der Dr. Piesack he has discovered: Lehmann, enormously fit for Choreografie, ungemein tänzerische Begabung der Mann, – nach Entfaltungsstoß am „Er-Zet-Drei?"

„Oh, these Paratroopers, – they have so many artistic talents..."

„Indeed, – dies Zappeln beim Entfaltungsstoß, diese Gruppentanzbewegung beim Reihensprung aus der Ju 52, faszinierte den Oberstabsarzt, ließ ihn ungeheuer kreativ werden, alles wissenschaftlich untersuchen, – gilt heute allgemein as the "father of the Eurythmie" am Fallschirm. Und alles mit Lehmann einstudiert..."

„Paratroopers, they have a taste for arts, – oh, here, – look at him..."

Oberfeld, vulgo „Löwe", Lehmann da oben vermittelt den Eindruck höchster Harmonie. Gemächlich gleitend nimmt er Kurs auf den Zuschauerpulk. Ganz vorn der hohe Inspekteur, – wo eben der Platz eines Feldhauptmanns ist. Man drängt sich hinter ihm. Nur die Flucht nach vorn könnte er antreten. Er wird es nicht tun. Auch später nicht. Staatsräson...

Und Lehmann? Wird er sie schaffen, die Ziellandung? Vor seinen Oberen? „Man schätzt meist zu kurz gegen hohe Ziele". Ist wenigstens sie noch für überlieferungswürdig befunden, diese uralte Weisheit aus der hohen Schule des Entfernungsschätzens, ,aus Kaiserheer und Wehrmacht?

„Oh, – I would like to hear something more about Leaman..."

„Sachte, – Sommer einundvierzig: Lehmann festgenommen, arretiert, nach Dämmerungssprung, an der Umzäunung der Fallschirmschule Wittstock a. d. Dosse, – durch Hauptman, in Klammern „E", Sauber. Verdacht üblen Maschendrahttechtelmechtels. Lehmann gelingt spielend der Nachweis, daß ihm, wie den meisten Hühnervögeln und auch dem Riesen Goliath, keiner gewachsen..."

„Oh, – don't say so: If it pleases God, a man may bite off

his own nose, da beißt sich so einer sogar in die eigene Nase".

Ganz recht. Und darum sage ich: wie einst Epaminondas…"

„Nu hö'an Se aba endlich ma' uff mit Ihr blödsinnjes Jequassel!" Oberst v. Harm, der leitende Haushahn wettert.

„Oh, – no I would like…"

„Schnauze, – da hia, – dea Leewe …"

,Löwe Lehmann' zieht seine Kreise über den minderen Zuschauern. Auf dem Wege zur Harmonisierung der Bundeswehr zeichnet er seine kreisförmigen Spiralen. Ganz wie das der Schweizer Parapsychologe verlangt.

So hat neulich der Major (inzwischen vielleicht auch schon…) v. d. Krücke Biwakierende „mit ambrosischen Sohlen beschwebt" und dann mit dem immer noch wirksamen Schrei aufgeschreckt: „Könnt Ihr Krücken denn nicht grüßen?" Und nur sein Kommandeur, der Oberstleutnant v. d. Socken, blieb da liegen. Wuchtig und volley aus der Luft genommen, – direkt verwandelt…

„Mann Mumm, – was ist nu? Erzähl'n Se dem Köhnl doch bloß noch wat von Lehmann'n!"

„Oh yes, I would like to hear…"

„Is ja jut…"

„Wenn Sie alle unbedingt wollen: Wie also Epaminondas als Erfinder der schiefen Schlachtordnung und der alte Aelian als Vater der Marschordnung überhaupt, so gilt heute ganz allgemein der Obergefreite Johann Kallinowski, Vater, als Entdecker der ungeheuren taktischen Möglichkeiten, die immer noch ungenutzt in Lehmann schlummerten. Oh, no, Köhnl, – no. Sir Walter, the General in front of you, he wasn't the designer. Hat das, auf alle Fälle, nicht erfunden. Johann Kallinowski, Vater, war es, der Lehmann taktisches Benehmen beigebracht hat, den „Kampf der verbundenen Waffen' lehrte. Hat die Lehmänner mit Knallfröschen versehen, – mit Zündschnüren untereinander verbunden…"

„Oh, – the battle of the ,verbundenen Leamen'! That's what Tactic means, das ist noch Taktik!"

„Indeed. Und im ,Bau' in Braunschweig, da wurden an der Wand jetzt die Fresken freigelegt, die Fresken des Obergefreiten Johann Kallinowski, Vater, enthaltend die Grundgedanken, the idea, für den Einsatz Lehmanns bei der großen ,Lehr- und Versuchsübung Munster 39'. Da wurden Lehmann & Co. als Feind und Knüller hinter den feindli-

chen Linien abgesetzt: Irreführung aller Truppen'..."
„... an order overall for our generals, sonst ein Auftrag nur für Generale!"

„Kolossaler Erfolg da, hinter den Linien! Da zog Lehmann nicht nur Kreise wie der da oben! Da zog Lehmann das feindliche Feuer, sowie die am Fallschirm abgesetzte Transportkompanie des Hauptmanns Rumor, samt Karren, Kötern und Kanistern (Graupen in denselben), und auch noch die uneingeschränkte Aufmerksamkeit des Generals von Kluge auf sich! Noch an Schirm hängend, marschierte der Hauptmann, ganz wie die Generale Napoleons bei Austerlitz und Gneisenau bei Waterloo, auf den Gefechtslärm los. ‚Mir nach', schrie er schon in der Luft, ‚mir nach, die Truppe hungert!' War gewillt, die Verpflegung Lehmanns unter Umständen zu erzwingen. Auf in den Kampf..."

„In den Kampf der verbundenen Leamen! And? Go ahead! Weiter, weiter!"

„Nothing more, Köhnl, Hauptmann, Hund und Suppe fielen in Feindeshand!

„... and the dog-biscuits, die Hundekuchen..."

„Mahlzeit", brummt Oberst v. Harm, der Hausherr, über die Schulter.

„Poor hungry Leaman! – This captain, this flying-fox, he was going to the dogs, völlig auf den Hund gekommen, was? Hmm, – John Kallinowski father, a Top-Tactician, Erfinder Lehmanns des Knallers. And Johny Kallinowski, son?"

... im ersten Fallschirmjägerbataillon zu Fuß der Bundeswehr. Zur Zeit im ‚Bau' in Böblingen..."

„Ruhe da! Da – da! Der ‚Löwe'!"

Löwe Lehmann im Endanflug. Arbeitet heftig am Schirm. Es zieht der Löwe auf den Pulk zu, an verschiedenen Strippen, – der Schatten seines Schirms sogar schon über die heitere Stirn des hohen Inspekteurs. Rasch rauscht die Seide heran.

Und die Fahne? St. Jörgens Reichssturmfahne, die vor dem Heerbann flattern zu lassen seit Alters dem Stamm der Schwaben zusteht?

Der schwäbische Löwe Lehmann wirft sie seiner Luftlandung voraus. Der preußische Pioniermajor a.D. Franz Floßack ergreift das Banner. Der Schirm raschelt zusammen. Unmittelbar vor seinem General rumpelt Lehmann zu Boden. Sogleich faßt er Fuß, rappelt sich hoch, gewinnt die ihm zukommende Distanz. Wie sagte erst kürzlich und wie immer treffend ein hoher Heeresfliegergeneral: „der Abstand ist heute leistungsbezogen". Lehmann also, beansprucht seinen Abstand, zupft gelassen an den Klamotten, – den knisternden Schirm unter, den hohen Inspekteur und die stierenden Zuschauer über sich.

Was tut ein Soldat in solcher Lage, in solch hehrem Augenblick?

Er meldet!

Was meldet da der Soldat?

Sich!

Lehmann reißt sich zusammen und weit den Mund auf.

Merket hier:

„Das Körpergewicht ruht gleichmäßig auf Hacken und Ballen… die Brust tritt frei hervor … der Hals ist frei aus den Schultern herausgereckt. Der Kopf wird hoch getragen, das Kinn ein wenig an den Hals herangezogen, der Blick ist frei geradeaus gerichtet." (Exerzierreglement f. d. Infanterie, 1906)

Viele Freiheiten damals schon. Die Brust, der Hals, der Blick! Viel zu wenig bekannt sowas!

Was aber tut ein hoher General in solcher Lage? Was erwarten die Manövergäste, was der Löwe Lehmann?

Nun, – der General hat seinen Löwen natürlich längst gemustert und schon aus der äußeren Haltung am Schirm auf die innere Haltung dieses Individuums geschlossen.

Denn merket wieder:

„Jeder Mann, der sich aus irgendeinem Grunde meldet, muß schon bei seinem Herannahen scharf ins Auge gefaßt und dann eingehend in seiner Haltung geprüft werden.

Die Gelegenheit zu solchen Meldungen ist künstlich zu suchen!"

(Ausbildungshinweise des Majors v. Troilo, Berlin 1913)

„And the General Johnny v. Kluge, what did he say about his hungry Leaman? I would like to hear…"

Erschrocken fährt der Colonel zusammen, hört sprachlos auf, hört speechless auf Oberfeld, vulgo „Löwe", Lehmann:

„Oberfeld Lehmann", röhrt es aus dem mit letzter Lunge aufgepumpten Balg in die Kulisse. Welch ein Gebrüll in der Savanne! Die Front der kriegserfahrenen Gäste fängt diesen Luftangriff federnd auf, am vorderen Rand der Abwehr.

,,Oberfeld Lehmann zur Stelle''

Was soll man als hoher General dazu sagen? Er versucht erneut zurückzutreten, vergebens, wie wir wissen. Kommt der Mann vom Himmel, meldet sich ,,zur Stelle''. Keiner der versammelten noblen Herren, der seit seiner Rekrutenzeit je wieder derart angeschrieen worden wäre. ,,Löwe Lehmann zur Stelle!'' Zur ,,Stelle''!

Eine würdige Äußerung! Mit Anspruch auch auf Anerkennung! Das ist nicht abgetan mit dem ,,Seh'n Se ma'an, Feldwebel!'' des Generals v. Kyau von anno Weiland oder dem ,,So da sa'ma'' des Schankwirts Alois Stechele!

Da werden Fragen erwartet. Solche mit hoffnungsvollem Ausblick auf die Zukunft der Luftlandetruppe und ihrer Freifaller. Vielleicht auch ein Anflug von Philosophischem. Nicht zuviel. Höchstens zehn Tropfen.

Was z. B. empfiehlt Adolph Freiherr v. Knigge anno 1788, ,,Über den Umgang mit Menschen'':

Höret:

> ,,Endlich pflegt bey dem Soldatenstande eine Art von offnem, treuherzigen, nicht sehr feyerlichen, sondern muntern, freyen, und auch gesitteten Scherz gewürzten Betragen uns beliebt zu machen, mit welchem man daher vertrauet sein muß.''

Immer noch steht der Löwe Lehmann still. Bewegungslos und völlig ungerührt. Und immer noch überrieselt heiliger Schauer den hartgesottenen Pioniermajor a. D. Franz Floßsack.

,,Rühren Sie doch!'' bat Bruno v. Piepl, 1938 noch Oberleutnant, vor dem Wachaufziehen ,,Unter den Linden'', den aufgereckt-baumlangen Spielmannszugführer mit dem EK I. noch aus dem 1. Weltkrieg, ,,aber so rühren Sie doch. Stehen Sie bitte bequem!''

,,Das ist meine bequemste Haltung!'' schrie der Stabsfeldwebel aus vollem Hals, Tambourstab bei Fuß.

Was also tut, was spricht man als hoher General, – in solch einem…? Um ehrlich zu sein: Wir… es muß jetzt gesagt werden, wissen es auch nicht!

Denn da drängeln sich die Nobili, ganz wie Krethi und Plethi, die Leibgarde des Königs David, ja, wie Hinz und Kunz, – wie unsereiner. Und sogleich ist Nobel der ,,Löwe'' umzingelt. – Kesselschlacht…

Und dann taucht und heult Johnny Jumper, der Airborncolonel mit deutschem Springerabzeichen alles überragend, auf:

„Ay, ay! This guy, – he isn't only a lion! He is an exclamation-point, so'n Ausrufezeichen! Oooh, – this Leaman! The best man between silk and sand!" Auch über diesem Lehmann wird er in den Staaten berichten! „Oooh, – I would like to hear something more about Leaman, the General, the ‚darking dogs', das Hundegebell…"

Allerdings: Wenn wir dem Heeresfliegermajor (vielleicht auch schon…) Ischtwas, dem mit seinem Agamemnon, glauben dürften, er war ja immerhin 6 Semester Zuhörer im Stabe des Obersten Heinrich Hummerich, diesem a. A. (halt: a. A. diesmal: alter Adler), – ja wenn man ihm glauben dürfte, dann hat der General, humanistischer Bildung längst hochverdächtig, schon vorgehabt, sich zu äußern, – wesentlich, ganz wesentlich. Nur, – unter diesen ‚ollen ehrliken Fallschirmjägers da…

Doch höret:

„Lehmann, du brüllst hier mit bärigem Basse! Was schreckst du die Alten? Du scheinst mir ein zackiger Jüngling!

Freiwill'ger Gehorsam frommet dem Freien, doch die Freiheit des Luftwegs dem Sänger!

Fallmeister du, freifallend, fernfahrend, nun falte den Fallschirm und labe dich löwichter Lehmann!

Franz Floßsack fing dir das Fähnlein, füllt wohl ein Fäßlein Falerner, Fast' nun nicht länger, und fasse die Faust von Franz Floßsack, Von ihm die Verpflegung. Der Wegeverbessrer versteht sich auf's Fressen!

Wir sehen indessen: du drückst an die Naht deiner Hose zur Meldung gestreckt deine Finger!

Die Vorschrift will weniger Strammheit! Immer locker vom Bock will man's heute!

Es ballet ganz zwanglos die baumelnde Herzhand, wer heute zur Meldung sich anschickt.

Doch unter der zottigen Brust schlägt in grau-grüner Feldhos' ganz sicher ein mutiges Herz dir.

Weit war und wolkig dein Weg, Kommst du nun edler Eumäos? Was hört man in Ithaka Neues?

Du weißt: Unser Wissen ist nichts. Man lebt doch in Bonn von Gerüchten. (Noch eines: Wie war sie? da oben, wir meinen die Windsbraut?)

„... but Leaman, where does he stay now, was ist aus ihm geworden?"

„Oh, – Léman ...?" Der französische Verbindungsoffizier, Commandant Charles de Klamotte, hat sich endlich herangearbeitet. „Léman, Hugo? Troisième Rgt. Parachutiste? Après les combats dures d'Indochine il se couche à Lac Léman, Lemannus Lacus, Genfer See. – Ruht sich da aus. Avec les autres enfants perdues du Regiment, dem verlorenen Haufen..."

„Den Lehmann, maine Härrn", meldet sich jetzt der Oberst Wupdich v. Wurzen, „den Lehmann, den hat doch haite de DDR oggubiert ... nu scha, behaubden doch, sai Urgroßvahdr war dr ‚Schraffenlehmann', nu, a sächs'scher Gardeoffizier. Nu, – där had doch um 1800 de ‚Schraffen' fir die Geländesgizzn där Härrn Offiziere erfunden! Ja, – meine Härrn, wenn Se nadierlich kee Läxikon mehr läsen..."

„Aber neulich, nee: sechzig/einundsechzig, beim Manöver ‚Ulmer Spatz'", Mumm erinnert sich genau, „nee, da hat doch der Oberstleutnant v. d. Krücke, Kommandeur 253, eine Nacht lang den Lehmann vor sich aufgebaut und seine Gesichtszüge studiert. Wollte sich in die Mentalität seines Manöverfeindes einleben. Wartete, welche Gedanken und Intuitionen ihn dabei beschlichen!"

„Oh, – very interisting! And wich one was this ‚Manöverfeind', wer von Euch war das?"

„Äh, – chämhäm ... Also das ist so: Lehmann wurde nicht mehr in die Bundeswehr übernommen. Nicht offiziell! Alle Aufgaben Lehmanns, Windspringer und so, werden heute von den kriegsgedienten Kommandeuren selbst wahrgenommen..."

„Seh'n Se, seh'n Se, wieder ein Beweis dafür, daß es bei der Bundeswehr eben doch viel menschlicher zugeht als früher, – humaner..."

Aber der Oberst a. D. Piepl, chef d'artillerie du tzigane, der Artillerie der 1. Fallschirmjägerdivision, murrt laut: „Wos is Mumm", raunzt er, „warum sogst ös eahm net, dem Köhnl Dschampa, daß D'sölba da ‚Manöverfeind' woa'st? Daß da Krückenkarl d'Visagen von dem Lehmann bloß voa sich aufbaut hat, weil a von Dir koa Konterfei g'habt hat! A nachtlang hat a eahm anglotzt!"

„Nu, – schdimmt'n das wenichstens, daß dr Skorzeny draundvierz'ch uff'm ‚Gran Sasso' den Lehmann fiern ‚Dutsche' hielt?"

„Na, – dös woa all's da Mumm do, dea hot scho als Leitnant in Reinickendorf so aus'gschaut. No, stimmt's vielleicht net: Sitz' ma beim Doppelkopf. ‚Abstimmen' hoaßt's plötzlich, ‚abstimmen, wer's bledest G'sicht macht, der hot g'wonn' und zahlt!' Ham halt alle g'schrien: ‚da Mumm, da Mumm hat g'wonn!' Sagt der net: ‚i hab ja gar net mitg'schpuilt!' Hat nacha sein Tschämberlen, die Grundlagen des XIX. Jahrhunderts g'nomm', is gang.''

„Mann Mumm, und die Möserleute von Ihr olles Bataillon, in de Herzynische Brijade fünfnzwanzich, die ham ja heute noch'n Lehmann. Den füh'an se bei besondas feierliche Anlässe mit sich rum. Sogar bei det jroße ‚Heeresrettichessen', wo der Lehmann nachher so gemein verdächtigt wurde. Und nun haben se ihm noch die Klemme ins linke Ohrläppchen jezwickt: „Echt Steiftier!''

„Nu, – da bassn Se bloß tichtch uff, daß se nich aines scheenen Morgens uffwachn und Ihre Offiziersoldaten ham Ihn'n ooch so a Ding ins Ohrläbbchen geglemmt.''

„In der Armee des Königreichs Sardinien, – der Radetzky hat gegen die gekämpft, da gab's ein Kommando ‚Faccia feroce', grimmiges Gesicht. Wurde natürlich geübt, – auf Zeiten, mit Ausführungskommando!''

„Die kannten unsan Bundestag nich! ‚Faccia feroce' das ich nich lache: längst übanommen durch alle freiheitlichdemokratischen Parteien. Keine Debatte, Fraktionsführer, meine Herren … Sogar Präsidentinnen! Dagegen is unsa Lehmann 'n Dressman!''

„Mon Colonel'', berichtet verbindlich Commandant de Klamotte, „mon Colonel ‚la guerre de l'Infanterie est en partie un metier de chicane', der Listen, dit bekanntliesch le General de Santa Cruz, unnd schonn sibßenundertfünfunnßwanßiesch…''

Und wieder schauert Franz Floßsack, obwohl Pioniermajor a. D., heftig zusammen.

„Was is Ihnen, lieber Floßsack? Schattig? Haben S'sich man nich so! Brockdorff – Rantzau, der Graf, wie der von de Ostfront zum Afrikakoa' anjeflogen kam, da schtieg der aus de Ju 52 aus mit'n dicken Pelzmantel, bei vierzich Grad im Schatten! ‚Alta' Adel fröstelt imma', sagte dea Graf und wärmte sich wohlig. Sehen Se mal an. Aber Sie. Mein lieber Herr Floßsack, ich will Ihn'n mal was sagen: wissen Se was das eben war, na, – wie Se so schauerten? Warten Se mal: sind jenau zwanzig Minuten her, daß unser ‚Leewe Lehmann' hier abgetreten is. Sehen Se – Sehen se: un nu erst kam da sein Schatten vorbeimarschiert! So'n Kerl is das!

Aber, meine Herren, noch gar nischt gegen unsan Tam-bouamajoa damals: wenn dea Klock elfuhrdreißig durchs Brandenburger Tor schritt, denn, meine Herren, denn zoch sein Schatten erst um zwölf Uhr übàn Potsdamer Platz!"

„Ah, da Lehmann, – ja mai, moanen S'gar den Musik-moasta Lehmann, der wo im Gefolge vom Moltke aus da Tirkai komm' ist? Ja, – der hat ja nacha in Preißn die ‚Tir-kisch Musik' aing'führt! Is seither groß in Mode, – bai Aich da dro'm."

„Oooh, – the world of the airborns is a world of the Lea-men. And the world of the Leamen is a world of wonders ... I would like to hear something more about ..."

„Lehmann wurde aber nicht mehr in die Bundeswehr übernommen. Machen die Kommandeure heute alles sel-ber ..."

„Ay-ay! Oh, – let's tell please", lange und höflich hat der Colonel Johnny Jumper gefragt, gewartet, gehört, „let's tell! Sir, remember now; muß übrigens daran erinnern: this ma-stersergeant Leaman, dreiundvierzig vor Syrakus ..."

„Der den Grande Capitano von Massasapuppo gekät-scht ..."

„This Leaman, he isn't of German extraktion, stammt nicht von Deutschen, and his Grandfather isn't a member of the ‚Steubengesellschaft'! His Great Grandfather, Henry Leaman, he was a choir boy, Chorknabe, 1680, of the Royal Chapel; and than he was even an inspector over all the Royal wind-blow instruments, over all the ‚Königlichen Blasin-strumente'! An his Great Grandfather, he was even the speaker of our old Irish Druids, Vorsitzender der Gewerk-schaft altirischer Druiden ... Do you like to hear something more about Leaman?"

Was soll man als Oberstleutnant, als Mumm, dazu sa-gen?

Auch wir wissen es nicht ...

Lehmann
beritten

*Als aber im Jahre 1240 die Tartaren die bischöfli-
che Stadt Erlau in West-Ungarn überfielen, da ergriff
heiliger Zorn den braven Bischof Benedikt, dieser pro-
bate Ranzenpuffer aber einen gewaltigen Kriegsflegel!*
Mit wenigen Beherzten jagte er den Unholden nach.
Als nun die Mongolen solches sahen,
*da setzten sie ausgestopfte Puppen auf die Handpferde
und scheuchten sie wider den Bischof.*
*Und da der Bischof der Reiter ansichtig wurde, siehe,
da spornte er sein Streitroß und sprengte mächtig gegen
sie.*
*Die plattgesichtigen Bartlosen aber, wendeten sich zur
Flucht.*
*Heftig trieb der Bischof seinen Rappen zu gestrecktem
Lauf.*
Auch das Schicksal nahm denselben...
*(Aus frommen Büchern ins Deutsche übertragen durch
Karl Knarre)*

„Das ist ja eine **unglaubliche Geschichte**", sprach schupiluliuma, der Hethiterkönig, vor dreitausendsechshundert Jahren, als die lebensfrohe Witwe des allzu geläuterten Pharao Tut-ench-Amon um die Hand seines vitalsten Sohnes anhielt.

„Unglaublich, diese Geschichte!" Kurz und militärisch sprach es der König. Er sprach nach der Schrift, – der Keilschrift.

„Das is ja eine janz **unglaubliche Jechichte**", wettert Oberst v. Harm, und er spricht zugleich für die anderen Akteure, die namentlich genannten Generale, Obristen, Offiziere, Unteroffiziere, Trompeter und Spahis.

„Eine ganz und gar unglaubliche Geschichte. Ich verbitte mir diese Übertreibungen nach der Schlacht!"

„**Allerhand, allerhand**", schimpft Generalmajor Onserock, „wenn ich auch nicht mit allem einverstanden sein kann, was diese Sagas bringen, so habe ich doch **allerhand** auszusetzen! – Allerhand!"

„De'scht oifach **älles verloga**", klagt Dr. Cumulo Nimbus, „älles verloga, – fascht älles!"

Ich hab mir zwahr noch mancherley kleine/ zu der Disciplin
vnnd Practick des Krieges sehr geschickter vnnd bequemlicher
Subtiliteten oder Spitzfindigkeitt/ auch sonst andere künstliche
Sachen mehr/ zu beschreiben fürgenommen/ welches mir doch
die Zeit/ vnnd meine vielfältige Ampts geschäfft/ nicht haben
zu lassen mögen/ neben dem ich auch geförchtet/ daß sie vielleicht
schädlich vnnd nachtheilig sein möchten.   Aber/ ob schon
es auff diß mahl nicht hat sein können/ so hoffe ich doch / solches
mit gnediger Zulassung vnd Erlaubnuß meines gnedigen
Fürsten vnd Herrens rc. auffs ehist in einem andern
Tractätlein außzuführen.   Hiemit
Gott befohlen.

ENDE